6. Mai 1755. 44.

ORDONNANCE DU ROI, SUR L'EXERCICE DE *L'INFANTERIE.*

Du 6 Mai 1755.

A PARIS,
DE L'IMPRIMERIE ROYALE.

M. DCCLV.

6. Mai 1755.

45.

TABLE DES TITRES

CONTENUS

DANS L'ORDONNANCE DU ROI,

SUR L'EXERCICE DE L'INFANTERIE,

Du 6 Mai 1755.

ORDONNANCE

ORDONNANCE DU ROI,

Sur l'Exercice de l'Infanterie.

Du 6 Mai 1755.

DE PAR LE ROI.

SA MAJESTÉ s'étant fait repréſenter les différentes Ordonnances & Inſtructions qu'Elle a fait rendre ci-devant pour régler l'Exercice de ſon Infanterie, & les obſervations auxquelles elles ont donné lieu; Et voulant décider définitivement tout ce qui a rapport à cet objet, Elle a ordonné & ordonne ce qui ſuit.

DES OBLIGATIONS DES OFFICIERS,

Et de la manière dont ils doivent porter les armes & en ſaluer, ainſi que les Sergens.

Sauront exécuter ce qu'ils doivent commander.

LES Capitaines, Lieutenans, Sous-lieutenans & Enſeignes, ſeront tenus de ſavoir exécuter & commander les différens pas & le maniement des armes; & les nouveaux Officiers qui ſeront reçûs à leurs emplois, ne pourront faire de ſervice qu'après que leur capacité à cet égard aura été reconnue par l'épreuve qui en ſera faite en préſence du Commandant du régiment, dont ils ſeront tenus de rapporter un certificat au Commandant de la place où le régiment tiendra garniſon, lequel l'enverra au Secrétaire d'Etat ayant le département de la guerre.

Exercice des Officiers.

LES Lieutenans, Sous-lieutenans & Enſeignes ſeront exercés enſemble au moins deux fois par mois, par un Officier major.

LES Commandans des corps ſe trouveront, le plus ſouvent qu'il leur ſera poſſible, aux exercices des Lieutenans, Sous-lieutenans & Enſeignes, & lorſque quelque cas imprévû les empêchera d'y aller, ils auront ſoin de faire avertir les plus anciens Officiers, afin qu'ils s'y trouvent à leur place.

Saluer à l'exercice.

TOUTES les fois que le bataillon ou le régiment prendra les armes pour s'exercer, les Officiers ſalueront de leurs armes de pied ferme, & en marchant, & les Enſeignes du drapeau, le Commandant étant à leur tête; & ledit Commandant décidera du lieu & du moment où le ſalut devra ſe faire.

Armement.

TOUS les Officiers ſeront armés d'eſpontons, & les Sergens de hallebardes; à l'exception des Officiers & Sergens des compagnies de Grenadiers, qui porteront des fuſils.

6. Mai 1755.

3

QUAND les Officiers d'Infanterie feront repofés à la tête de leur troupe, ils auront les deux pieds égaux devant eux, les talons ouverts à deux pouces de diftance. Ils tiendront leur efponton de la main droite à côté d'eux dans une fituation perpendiculaire, le poignet à la hauteur de l'épaule, le pouce le long de la hampe, le talon de l'efponton à terre, à fix pouces de la pointe du pied droit, & la main gauche pendante fur le côté. *Se repofer fur l'efponton.*

POUR marcher à la tête ou à la queue de leur troupe, ils porteront l'efponton fur le bras gauche : *Porter l'efponton.*

EN trois temps : au premier on baiffera la main droite à la hauteur du ceinturon.

Au deuxième, portant l'efponton de la main droite appuyée à l'épaule gauche, on le faifira de la main gauche, à la longueur du bras à un pied du talon, la main en dehors, & l'efponton à plomb à côté de la cuiffe gauche.

Au troifième, on laiffera tomber la main droite pendante.

Quand les Officiers feront dans les rangs, ils porteront leur efponton de la même manière.

POUR faire paffer dans le rang les Officiers qui feront repofés fur l'efponton à la tête de leur troupe, le Major avertira : *Entrer dans le rang.*

Meffieurs les Officiers, dans le rang.

ILS commenceront par porter en trois temps l'efponton de la main droite fur le bras gauche.

Ils feront enfuite à droite ou à gauche felon le flanc du peloton où ils devront fe placer pour entrer dans le rang, ou par lequel ils devront paffer derrière leur troupe s'ils doivent être de ferre-file, & ils fe remettront par un à droite ou un à gauche quand ils feront arrivés à leur place.

QUAND on voudra faire fortir les Officiers des rangs, pour fe replacer à la tête de leur troupe, le Major avertira : *Sortir du rang.*

Messieurs les Officiers, à la tête de vos troupes.

Le changement de position de l'esponton se fera en deux temps, après que les Officiers étant sortis du rang se seront placés à la tête de leur troupe.

Au premier, on empoignera la hampe de la main droite à la hauteur de l'épaule.

Au deuxième, on portera l'esponton du côté droit, le poignet à la hauteur de l'épaule, le laissant glisser à terre sans changer la main de position.

Salut de l'esponton de pied ferme.

L'Officier étant reposé sur l'esponton à la tête de sa troupe, saluera en quatre temps bien marqués & distingués, après s'être avancé d'un pas au-delà de sa distance ordinaire du premier rang.

Au premier, il fera à droite, portant l'esponton de biais, le talon en avant, élevé à deux pieds de terre seulement, le bras tendu à la hauteur de l'épaule, & la main gauche empoignera l'esponton environ trois pieds au dessus du talon.

Au deuxième, la main droite quittant l'esponton, la gauche le fera tourner jusqu'à ce que la lance soit baissée en avant près de terre, & que le talon vienne joindre la main droite, qui sera toûjours à hauteur de l'épaule.

Au troisième, il ramènera l'esponton dans la même situation où il étoit à la fin du premier temps.

Au quatrième, il se remettra par un à gauche, comme il étoit avant de saluer.

Il ôtera ensuite son chapeau de la main gauche, & ne le remettra que quand celui qui reçoit le salut l'aura dépassé de quelques pas.

L'Officier qui salue doit avoir attention de commencer ses mouvemens assez à temps pour que, lorsqu'il baissera la lance de l'esponton, la personne à laquelle il rend le salut soit encore éloignée de trois pas, afin que quand elle sera vis-à-vis de lui il soit remis à sa place.

Il observera aussi, si cette personne vient par la gauche, de ne faire qu'un demi à droite en commençant le salut.

Salut

Pour saluer de l'esponton en marchant. [illegible]

l'Officier portant l'esponton sur le bras gauche, fera à environ trente pas de la personne à qui le salut est dû, il portera l'esponton sur l'épaule droite en trois temps: *de l'esponton en marchant.*

Au premier, il empoignera l'esponton de la main droite à la hauteur de l'œil.

Au deuxième, il le portera devant lui sur la droite, le tenant perpendiculaire, le bras tendu en avant.

Au troisième, il le mettra sur l'épaule droite, le tenant plat, le coude à la hauteur de l'épaule.

L'Officier qui fera ces mouvemens, aura attention de s'éloigner de trois pas du rang, afin qu'en renversant l'esponton sur son épaule, la lance ne puisse pas blesser les Soldats qui le suivent.

Il continuera à marcher dans cette position d'un pas égal, jusqu'à ce qu'il soit à dix pas de la personne qui devra être saluée, & alors le salut se fera en six temps également bien marqués & distingués.

Au premier, en avançant le pied gauche & effaçant le corps comme si l'on faisoit à droite sur le talon droit, on portera l'esponton devant soi, le tenant plat à la hauteur des épaules, la main gauche à trois pieds du talon.

Aux deuxième & troisième temps, en avançant successivement le pied droit & le pied gauche, on fera tourner l'esponton de la main gauche, comme il a été dit pour le salut de pied ferme; observant que l'esponton se trouve droit lorsque le pied droit arrivera à sa place, & que la lance soit près de terre lorsque le pied gauche arrivera à la sienne.

Aux quatrième & cinquième temps, on fera les mouvemens contraires à ceux qui auront été faits aux deuxième & troisième; observant de même que l'esponton se trouve droit à la fin du pas qui sera fait du pied droit; & qu'il se trouve plat après qu'on y aura joint la main droite, le pied gauche arrivant à terre.

Au sixième temps, en avançant le pied droit, on remettra l'esponton sur l'épaule droite; ensuite avançant le pied gauche, on ôtera le chapeau, que l'on portera à la main à côté de soi, jusqu'à ce qu'on ait dépassé tous ceux à qui on doit honneur : après quoi on le remettra ſur la tête, & quelques pas au-delà on ôtera l'eſponton de deſſus l'épaule pour le porter ſur le bras gauche.

Les Capitaines & Lieutenans de chaque diviſion, ne formeront qu'un rang pour ſaluer enſemble en marchant.

Porter l'eſponton en avant.

TOUTES les fois que les Soldats devront faire haut les armes en marchant à la charge, les Officiers porteront l'eſponton en avant en deux temps.

AU premier, plaçant l'eſponton de biais, ils amèneront la main gauche vis-à-vis le milieu du corps, & ils ſaiſiront en même temps l'eſponton avec la main droite, immédiatement au deſſous de la main gauche.

Au deuxième, appuyant la main droite & l'eſponton ſur la hanche droite, ils l'empoigneront avec la main gauche à un pied de la main droite, & porteront l'eſponton incliné, la lance en avant, à la hauteur du chapeau, l'avant-bras gauche collé au corps, faiſant toûjours face en tête.

Ces deux temps s'exécuteront avec promptitude & dans la valeur d'un ſeul.

Lorſque de cette attitude l'on devra paſſer à celle de porter l'eſponton, ce changement s'exécutera en deux temps.

AU premier, on ramenera le talon de l'eſponton devant ſoi, & la main gauche ſe placera près de la droite pour prendre la poſition preſcrite au premier temps ci-deſſus.

Au deuxième, la main gauche redreſſant l'eſponton, on le placera le long de la cuiſſe gauche dans l'attitude preſcrite pour porter l'eſponton, & en même temps la main droite tombera pendante ſur le côté.

Porter le fuſil.

LES Officiers de Grenadiers porteront en toutes occaſions le fuſil ſur le bras gauche, le canon en dehors & à plomb, la baguette au défaut de l'épaule, le bras tendu, la main gauche embraſſant le chien & le baſſinet, la croſſe à plat le long de la cuiſſe gauche, & la main droite pendante ſur le côté.

Mettre la

QUAND la troupe mettra la bayonnette au bout du

fusil, pour être exercée aux évolutions ou pour l'exercice du feu, ils l'y mettront de même, & pour cet effet ils passeront le fusil du côté de l'épée en quatre temps.

bayonnette au bout du fusil.

Au premier, ils joindront la main droite sous la platine, que la main gauche ramenera au milieu du corps à la hauteur du ceinturon, tournant le fusil sur son plat.

Aux deuxième, troisième & quatrième temps, ils prendront les attitudes prescrites pour le soldat aux deuxième, troisième & quatrième temps du premier commandement pour l'inspection.

Ils mettront la bayonnette au bout du canon par les mêmes mouvemens que le soldat.

Lorsqu'après avoir mis la bayonnette ils devront porter leurs armes sur le bras gauche, ils le feront en trois temps.

Au premier, comme il est ordonné pour le soldat au premier temps du dixième commandement pour l'inspection.

Au deuxième, faisant face en tête, ils saisiront la platine avec la main gauche, la plaçant à la hauteur du ceinturon vis à-vis le milieu du corps, le canon au défaut de l'épaule, le fusil sur son plat.

Au troisième, ils placeront le fusil sur le bras gauche, comme il est prescrit ci-dessus, & la main droite tombera pendante sur le côté.

Quand ils auront à se reposer sur le fusil, comme pendant le maniement des armes, & dans les haltes qui seront un peu longues, ce mouvement se fera en trois temps.

Se reposer sur le fusil.

Au premier, comme au premier temps ci-dessus pour passer le fusil du côté de l'épée.

Au deuxième, tournant le fusil de la main droite, la soûgarde en dehors, la main gauche le saisira au dessus de la platine, & la droite se portera au bout de la monture, à la hauteur du chapeau, tenant le fusil à plomb, la crosse vis-à-vis la pointe du pied droit.

Au troisième, ils laisseront tomber la crosse du fusil à terre, à côté de la pointe du pied droit, & la main gauche tombera pendante sur le côté.

Lorſque de cette attitude les Officiers voudront remettre le fuſil ſur le bras, ce mouvement ſe fera de même en trois temps.

Au premier, ils éleveront le fuſil avec la main droite, de deux pieds de terre, le rapprochant du corps pour que la main gauche puiſſe le ſaiſir au deſſus de la platine.

Au deuxième, portant la main droite derrière le chien, & la main gauche ſur la platine, ils reprendront l'attitude preſcrite ci-deſſus au premier temps pour paſſer le fuſil du côté de l'épée.

Au troiſième, l'arme ſe placera ſur le bras gauche, comme il eſt preſcrit ci-deſſus, & la main droite tombera pendante.

Salut au fuſil de pied ferme.

Les Officiers de Grenadiers ſalueront de pied ferme, en ſix temps.

Au premier, comme au premier temps ci-deſſus, pour paſſer le fuſil du côté de l'épée.

Au deuxième, faiſant à droite, on portera le fuſil devant ſoi de la main droite, le bras tendu à la hauteur de l'épaule, la platine en dehors, & le fuſil à plomb. La main gauche tombera en même temps pendante ſur le côté.

Au troiſième, on baiſſera le bout du fuſil près de terre, le ſoûtenant de la main gauche, qu'on aura portée en avant, & ſur laquelle on l'appuyera à deux travers de doigt de la ſoûgarde.

Au quatrième, on ſe remettra comme on étoit à la fin du deuxième temps.

Au cinquième, on fera face en tête par un à gauche, & on replacera le fuſil dans l'attitude preſcrite ci-deſſus au premier temps, pour paſſer le fuſil du côté de l'épée.

Au ſixième, on placera le fuſil ſur le bras gauche, & la main droite tombera pendante; après quoi on ôtera le chapeau de la main droite, & on le remettra comme il a été dit au ſalut de l'eſponton.

On aura la même attention de commencer ces mouvemens aſſez tôt, pour que le ſalut du fuſil ſe faſſe trois pas en avant de la perſonne; & ſi elle venoit par la gauche, de ne faire qu'un demi à droite en commençant le ſalut.

Ces

Ces Officiers salueront de la même manière en marchant.

Salut du fusil en marchant.

Le premier temps se fera en avançant le pied gauche, dix pas avant d'être vis-à-vis de la personne qu'on devra saluer.

Le deuxième, en avançant le pied droit.

Le troisième, en faisant un pas du pied gauche, de façon que le bout du fusil arrive près de terre en même temps que le pied posera en avant.

Le quatrième, en faisant le quatrième pas.

Le cinquième, en faisant le cinquième pas.

Le sixième, en faisant le sixième pas, qui sera du pied droit.

Lorsque les Officiers portant le fusil salueront avec ceux portant l'esponton, ils règleront leurs mouvemens de manière qu'ils se fassent ensemble.

Toutes les fois que les Soldats devront faire haut les armes en marchant à la charge, les Officiers de Grenadiers feront aussi haut les armes en deux temps, qui s'exécuteront brusquement dans la valeur d'un seul.

Au premier, comme au premier temps ci-dessus pour passer le fusil du côté de l'épée.

Au deuxième, comme au deuxième temps du neuvième commandement du maniement des armes.

Ils reviendront dans la position où ils étoient en deux temps, qui s'exécuteront par les mouvemens contraires.

Les Enseignes appuyeront le talon de leur drapeau sur la hanche droite, le tenant un peu de biais: ils pourront cependant, lorsque les Soldats porteront l'arme au bras, mettre le drapeau sur l'épaule gauche.

Porter le drapeau.

Lorsqu'ils devront saluer, ils baisseront doucement la lance du drapeau jusqu'auprès de terre, la releveront de même, & ôteront ensuite leur chapeau de la main gauche.

Salut du drapeau.

Ils prendront leur temps de façon que quand ils baisseront le drapeau il s'en manque de quelques pas que celui qu'ils salueront ne soit vis-à-vis d'eux, & ils auront attention de baisser ensemble les drapeaux, & de les relever de même.

Sergens.

Les Sergens porteront leur hallebarde de la même manière, & par les mêmes temps que les Officiers porteront l'esponton.

Les Sergens de Grenadiers porteront leur fusil de même que les Officiers de ces compagnies.

Les Sergens ne feront d'autre salut qu'en ôtant leur chapeau; ils porteront la hallebarde en avant quand les Officiers porteront l'esponton de cette manière.

Officiers majors.

Toutes les fois que les Officiers majors commanderont l'exercice ou les manœuvres, ils seront tenus de mettre l'épée à la main.

DE

L'ECOLE DU SOLDAT.

Exercice des Sergens.

Les Officiers majors auront soin de former les Sergens aux différens pas, & au maniement des armes qui sont ordonnés ci-après; ils les exerceront ensemble au moins trois fois par mois, & quand il s'en trouvera quelqu'un qui ne saura pas les exécuter parfaitement, ils seront exercés séparément tous les jours par un Officier major, ou par un autre Sergent en sa présence, jusqu'à ce qu'ils ne manquent plus à rien.

Séparation des Soldats en deux classes.

On formera une première classe des Caporaux, Anspessades & Soldats qui sauront exécuter parfaitement les pas & le maniement des armes; ceux qui n'auront point atteint cette perfection feront une seconde classe, dont les Soldats ne seront jamais exercés avec ceux de la première.

II

Exercice de la seconde classe.

Les Caporaux, Anspessades & Soldats de la seconde classe seront exercés au moins une fois tous les jours, excepté les dimanches, par les Sergens des compagnies, & à leur défaut par les Caporaux les plus capables; les Sergens & Caporaux pourront se faire aider par des Soldats intelligens, qui seront choisis à cet effet par les Officiers majors.

Ces exercices se feront sur la place du quartier, sur le rempart ou dans des lieux couverts, même dans la chambre quand le temps ne permettra pas de les faire dehors.

Les Officiers subalternes y assisteront régulièrement, & ils seront responsables aux Capitaines de la manière dont les Soldats seront instruits, de même que ceux-ci le seront au Commandant du corps.

Ils feront exercer les Soldats un à un, puis deux à deux, ensuite en plus grand nombre; & ils ne souffriront pas qu'on les fasse passer au maniement des armes avant qu'ils soient habitués aux différens pas, commençant par le pas ordinaire, & continuant par le petit pas, le pas redoublé & les pas obliques.

On dressera d'abord les Soldats de recrue, pour leur apprendre à se bien tenir, & on les fera marcher sans armes jusqu'à ce qu'ils aient acquis les principes de la marche.

On observera pour le maniement des armes, quand les Soldats y auront été instruits séparément, de le leur faire exécuter deux à deux & de les faire changer de place alternativement, pour que celui de la gauche apprenne à se régler sur les mouvemens de celui de la droite.

Quant à l'exercice du feu, pour mettre en joue, tirer & recharger les armes, après qu'on y aura exercé les Soldats séparément, & successivement aux mouvemens qui sont particuliers à chaque rang, on les y emploiera plusieurs à la fois sur trois rangs, la bayonnette au bout du fusil, en leur faisant observer d'abord exactement les temps prescrits au maniement des armes pour tirer & recharger, & les accoûtumant ensuite à le faire plus promptement, abrégeant alors les intervalles des temps, sans cependant que le Soldat néglige de bien charger son fusil, & de bien mettre en joue pour ajuster en tirant.

Si pour mieux exécuter cet exercice du feu, & accoûtumer le Soldat à marcher sur plusieurs rangs, l'on veut réunir les Soldats de la seconde classe de plusieurs compagnies, le plus ancien Sergent de ces compagnies les commandera.

Passage de la seconde classe à la première.

QUAND un Officier croira qu'un Soldat de sa compagnie sera en état de passer de la seconde classe à la première, il le proposera au Commandant du régiment, qui fera examiner le Soldat par les Officiers majors; les fautes les plus légères suffiront pour le faire refuser, & nul ne pourra être admis à la première classe qu'après cet examen.

Exercice de la première classe.

LES Caporaux, Anspessades & Soldats de la première classe, seront exercés au quartier tous les dimanches par les Officiers subalternes de chaque compagnie; les Sergens se trouveront à cet exercice, & le commanderont au défaut de leurs Officiers.

Travailleurs.

LES Soldats auxquels il aura été permis de travailler, s'ils sont de la seconde classe, ne seront jamais dispensés des exercices de cette classe. S'ils sont de la première classe, ils seront tenus de se trouver à ses exercices, à moins qu'ils n'aient une permission particulière du Commandant du bataillon, qui les en dispense.

Soldats en faute.

TOUT Soldat de la première classe qui par négligence ou mauvaise volonté, se trouvera en défaut sur quelque partie de l'exercice que ce soit, sera remis à la seconde classe, & ne pourra repasser à la première sans subir un nouvel examen.

LA

Exercice de la Garde montante.

LA troupe destinée à monter la garde, sera exercée tous les jours par les Officiers majors, après la première inspection faite au quartier, & dans le lieu même où cette inspection aura été faite; observant de séparer les Soldats de la seconde classe de ceux de la première.

Exercice de quatre compagnies par bataillon.

ON exercera tous les deux jours l'après-midi quatre compagnies par bataillon, formant au moins soixante-douze hommes de la première classe; & les Officiers desdites compagnies se trouveront à cet exercice.

Les Caporaux & Soldats qui auront été choisis pour aider les Sergens à l'instruction de la seconde classe, seront dispensés de se trouver à cet exercice pendant le temps qu'ils travailleront à cette instruction, à moins qu'ils ne fussent nécessaires pour compléter le nombre de soixante-douze.

Exercice des bataillons & régimens.

INDÉPENDAMMENT des exercices ci-dessus, chaque bataillon sera exercé en entier, au moins une fois par semaine, depuis le premier mai jusqu'au premier septembre; & tous les bataillons d'un même régiment le feront ensemble au moins une fois en quinze jours.

Dans les huit autres mois de l'année, les bataillons s'exerceront au moins une fois tous les quinze jours, & les régimens de plusieurs bataillons une fois par mois.

Dans ces exercices, comme dans tous les autres, les Soldats de la seconde classe seront exercés à l'écart.

Grenadiers.

LES compagnies de Grenadiers seront exercées de même que celles des Fusiliers.

Tambours.

LES Tambours seront exercés à marcher de même que les Soldats.

Officiers nommés pour commander l'exercice.

LE Commandant du régiment nommera quelquefois des Officiers particuliers pour commander l'exercice aux bataillons & aux quatre compagnies, à la place des Officiers majors, afin de reconnoître leur capacité à cet égard.

DE LA
FORMATION ET ASSEMBLÉE DES BATAILLONS.

Formation ſur trois rangs & ſur ſix.

TOUTES les fois que l'Infanterie prendra les armes, en quelque occaſion que ce ſoit, elle ſera formée ſur trois rangs; & pour l'exercer ſur une plus grande profondeur, on lui fera doubler les files afin de la mettre à ſix de hauteur, excepté les Grenadiers & les piquets qui reſteront à trois de hauteur, à moins d'un ordre contraire.

Compagnies couplées, ou pelotons.

LES compagnies d'un même bataillon ſeront toûjours couplées deux à deux pour former des pelotons dans l'ordre ſuivant, ſoit pour camper, pour le logement, pour l'ordre de bataille, ou pour marcher.

La première & la ſeptième compagnies formeront le premier peloton qui fermera la droite du bataillon; la deuxième & la huitième compagnies formeront le deuxième peloton qui fermera la gauche du bataillon; la troiſième & la neuvième compagnies formeront le troiſième peloton qui ſe placera ſur la gauche du premier peloton; la quatrième & la dixième compagnies formeront le quatrième peloton qui ſe placera ſur la droite du deuxième peloton; les cinquième & ſixième pelotons formés l'un des cinquième & onzième compagnies, & l'autre de la ſixième & de la douzième, rempliront ſucceſſivement dans le même ordre le centre du bataillon.

Les premières compagnies de chaque peloton en prendront la droite dans le premier, le troiſième & le cinquième pelotons, & la gauche dans le deuxième, le quatrième & le ſixième pelotons.

Place des compagnies des Grenadiers.

LA compagnie des Grenadiers ſe mettra à la droite du bataillon quand il ſera formé par la droite, & à ſa gauche quand il ſera formé par la gauche.

Place des piquets.

Il sera commandé un piquet par bataillon, composé d'un Capitaine, un Lieutenant, deux Sergens, quarante-huit Fusiliers & un Tambour: ce piquet se formera à la gauche du bataillon si le bataillon est formé par la droite, & à sa droite si le bataillon est formé par la gauche.

Si la compagnie de Grenadiers étoit séparée du bataillon, il feroit commandé deux piquets, dont le premier se mettroit à la droite, & le second à la gauche du bataillon.

Ordre renversé.

L'ORDRE des droites & des gauches, établi pour les troupes qui devront se former par la droite, sera toûjours inverti dans celles qui se formeront par la gauche ou qui marcheront à colonne renversée.

Arrangemens des bataillons.

LES bataillons d'un même régiment se placeront alternativement à droite, à gauche & au centre; observant de former dans l'ordre renversé, non seulement le bataillon qui fermera la gauche du régiment, mais encore le troisième bataillon, qui dans les régimens de quatre bataillons se formera à la gauche du premier bataillon: ce qui ne changera rien à la disposition des piquets dans les camps, dont le faisceau sera toûjours à la droite de chaque bataillon, excepté dans les brigades qui fermeront les gauches des lignes, où le faisceau du piquet de chaque bataillon de ces brigades sera à la gauche desdits bataillons.

PLACE des OFFICIERS à la tête des troupes étant sur trois rangs.

LORSQUE les régimens étant en bataille sur trois rangs, les Officiers devront être à la tête de leurs troupes, le Colonel sera cinq pas en avant du centre du cinquième peloton du premier bataillon, le Lieutenant-colonel un pas en arrière à sa gauche; les Commandans de bataillon seront quatre pas en avant du centre du cinquième peloton de leur bataillon; les Capitaines & Lieutenans seront en avant du centre de leurs compagnies, les Capitaines à deux pas du premier rang, les Lieutenans un pas en arrière à leur gauche dans les compagnies qui formeront les droites des pelotons, & à leur droite dans celles qui formeront les gauches des pelotons; les Sergens à la droite ou à la gauche du premier & du troisième rangs, selon la formation de leur compagnie dans le peloton. Le Capitaine des Grenadiers sera à la tête du centre de sa compagnie, deux pas en avant; le Lieutenant un pas derrière le Capitaine, sur sa droite; & le Lieutenant en second sur sa gauche, les deux Sergens à la droite du premier & du troisième rangs. Le Capitaine de piquet sera à la tête de sa troupe deux pas en avant; le Lieutenant à sa gauche un pas en arrière; les deux Sergens fermeront la gauche du premier & du troisième rangs.

Lorsqu'un régiment ou bataillon étant en colonne sur trois rangs, les Officiers devront être à la tête de leurs troupes, ils garderont les places ci-dessus prescrites tant que les rangs seront serrés; & lorsqu'on ouvrira les rangs, les Lieutenans des compagnies de Fusiliers & le Lieutenant en second des Grenadiers, marcheront à deux pas de distance de leur premier rang comme leurs Capitaines: dans l'un & l'autre cas, les Lieutenans des compagnies de Grenadiers & ceux des piquets, passeront derrière leurs troupes à deux pas du dernier rang.

Dans les rangs.

QUAND les régimens étant sur trois rangs, devront manœuvrer & être exercés au feu, les Officiers prendront les places ci-après indiquées : le Colonel se tiendra au centre du cinquième peloton de son bataillon, trois pas en avant du premier rang; le Lieutenant-colonel à sa gauche un pas en arrière; les Commandans de bataillon au centre & à la distance de deux pas du front du cinquième peloton de leur bataillon; les Capitaines des Grenadiers & du piquet resteront dans la même position à la tête de leurs troupes. Les autres Officiers entreront dans les rangs ou passeront derrière leurs troupes, savoir : le Capitaine de la première compagnie de chaque peloton, à la droite ou à la gauche du premier rang du peloton, selon qu'il sera formé par sa droite ou par sa gauche; le Capitaine de la deuxième compagnie du peloton, un pas derrière le centre du peloton, en serre-file; le Lieutenant

Lieutenant de la première compagnie du peloton, à la droite ou à la gauche du troisième rang du peloton, selon que le peloton sera formé par la droite ou par la gauche; le premier Sergent de cette compagnie entre le Capitaine & le Lieutenant, & le deuxième derrière le flanc de sa compagnie, en serre-file; le Lieutenant de la deuxième compagnie du peloton, à la gauche ou à la droite du premier rang, selon que le peloton sera formé par la gauche ou par la droite, & les deux Sergens derrière lui, aux troisième & deuxième rangs. Le Lieutenant des Grenadiers sera derrière le centre de la compagnie, en serre-file; le Sous-lieutenant & le premier Sergent fermeront les droites du premier & du troisième rangs, & le second Sergent sera en serre-file à la gauche du Lieutenant. Le Lieutenant du piquet sera placé derrière le centre du troisième rang; les deux Sergens fermeront les gauches du premier & du troisième rangs.

Lorsque le Colonel & le Lieutenant-colonel seront absens, le plus ancien Capitaine du bataillon prendra leur place: on remplira de même celle des Commandans de bataillon en leur absence.

Les places des autres Officiers qui manqueront seront remplies, savoir: celle du Capitaine par le Lieutenant, celle du Lieutenant par le premier Sergent, & celle du premier Sergent par le deuxième Sergent, dont en ce cas la place restera vuide; observant de ne point faire passer d'une compagnie à l'autre les Officiers du même peloton, si ce n'est pour les places de Commandant & de serre-file du peloton, qui seront toûjours remplies par les Officiers de l'une ou de l'autre compagnie du peloton les plus élevés en grade ou les plus anciens à grade égal.

Si cependant il ne se trouvoit point de Capitaine dans le premier ou le deuxième peloton d'un bataillon, le Commandant en nommeroit un pour en prendre le commandement, afin que les pelotons des aîles soient toûjours commandés par un Capitaine.

A la tête des troupes étant sur six rangs.

QUAND on fera doubler les files pour mettre les bataillons sur six rangs, les Officiers & les Sergens ci-après désignés, en sortiront pour se mettre à la tête de leur peloton, à la même distance du premier rang que les rangs en observeront entre eux lorsqu'ils seront serrés. Le Capitaine-commandant sera au centre du peloton, le Lieutenant & le premier Sergent de la compagnie de la droite à sa droite, le Lieutenant & le deuxième Sergent de la compagnie de la gauche à sa gauche, de manière que les deux Lieutenans soient aux aîles du peloton : les autres Sergens des deux compagnies passeront en serre-file à la droite & à la gauche de l'Officier de serre-file qui sera resté à sa place.

Lorsqu'il manquera quelqu'Officier, on fera passer un Sergent de plus au front du peloton, de manière qu'il reste toûjours un Officier & un Sergent de serre-file à chaque peloton.

Arrangement des Soldats dans les rangs.

LES files de la droite & de la gauche des pelotons seront remplies par des Caporaux & Anspessades des compagnies qui formeront chacune de ces files.

Le reste des rangs de chaque compagnie sera formé, savoir : le premier rang, des plus anciens Soldats; le troisième, de ceux qui suivent les premiers en ancienneté, le surplus de la compagnie formera le second rang : on suivra le même ordre dans la distribution des rangs de la compagnie des Grenadiers. A l'égard du piquet, on en rangera les Soldats successivement par files, selon la place que les compagnies qui les auront fournis occuperont dans l'ordre des pelotons; observant cependant que les droites & les gauches des rangs soient appuyées par des Caporaux & Anspessades.

Egaliser les pelotons.

LES rangs de chaque peloton seront égalisés de manière que toutes les files en soient complettes : on observera aussi que le nombre des files de chaque peloton soit toûjours pair; pour cet effet, on fera passer les Soldats surnuméraires

6. Mai 1755.

d'un peloton dans ceux où il en manquera, & lorsqu'il s'en trouvera de reste dans le total du bataillon, ils se joindront au piquet.

Place des drapeaux.

ON placera les drapeaux au centre du cinquième peloton dans le second rang : on commandera deux Sergens pour se placer à la droite & à la gauche des Enseignes dans le même rang, de manière qu'ils fassent tous quatre, nombre dans la formation des rangs de ce peloton.

Lorsque le bataillon étant à trois de hauteur, on le rompra par sections, les Enseignes & leurs Sergens se placeront tous quatre dans le second rang de la dernière section du peloton, faisant passer autant d'hommes de cette section dans l'autre qu'elles y auront laissé de places vacantes.

Lorsque les Enseignes devront saluer du drapeau, soit de pied ferme ou en marchant, ils se placeront, ainsi que leurs Sergens, en avant du centre du cinquième peloton, au même rang que les Lieutenans.

Assemblée des compagnies & du bataillon.

QUAND toute l'Infanterie de la garnison, du quartier ou du camp, devra prendre les armes, tous les Tambours battront *la générale ;* hors ce seul cas, les Tambours des troupes qui devront prendre les armes, commenceront par battre *le premier.*

On battra ensuite *l'assemblée* à l'heure qui sera ordonnée ; alors les Officiers subalternes assembleront leurs compagnies devant leur quartier ou dans les rues du camp, en feront l'appel & l'inspection, & seront responsables de ce qui pourroit manquer à leur armement & équipement: ils les rangeront en haie suivant leur ancienneté, par la droite ou par la gauche selon que les compagnies devront faire la droite ou la gauche d'un peloton ; ensuite ils désigneront ceux qui devront être de piquet, & après avoir fait sortir du rang les Caporaux & les Anspessades nécessaires pour garnir la file de la compagnie qui devra être sur le flanc du peloton, ils diviseront le reste en trois parties égales, & commanderont :

1. *Prenez garde à vous, pour former la compagnie.*

2. *Marche.*

3. *Halte.*

Au premier commandement, les Soldats marqués pour le premier rang ne bougeront, & le reſte de la compagnie fera à droite ſi elle eſt formée par la droite, ou à gauche ſi elle eſt formée par la gauche.

Au deuxième, le premier rang marchera deux pas en avant: les Soldats des deux dernières diviſions marcheront devant eux, ceux de la troiſième diviſion ſe jetant un peu de côté pour ſe placer immédiatement derrière le premier rang.

Au troiſième, les Soldats des deux derniers rangs s'arrêteront, & feront à gauche ou à droite, pour faire face, de même que le premier rang, s'alignant ſur leurs Chefs-de-file.

Ces commandemens étant exécutés, on commandera:

1. *A droite (*ou *à gauche) faites un quart de converſion.*

2. *Marche.*

Au deuxième commandement, la compagnie ayant fait un quart de converſion, marchera en cet ordre pour ſe rendre ſur le champ de bataille, à la place qui lui eſt deſtinée; le Lieutenant marchant à la tête de la compagnie, le Sous-lieutenant des Grenadiers & l'Enſeigne, dans les compagnies où il y en a, à la queue, & les Sergens à la droite ou à la gauche du premier & du troiſième rangs, ſelon que la compagnie ſera formée par la droite ou par la gauche.

On obſervera dans les camps, avant de commander le quart de converſion, de faire faire à droite & à gauche aux deux compagnies du peloton, pour marcher par leur flanc juſque hors des faiſceaux; alors les compagnies ſe jetteront ſur la droite & ſur la gauche, afin de prendre le terrein dont elles auront beſoin pour ſe mettre en

bataille

bataille par le quart de converſion; & dans les camps où le front du camp ne ſuffiroit pas pour mettre les régimens en bataille, la compagnie des Grenadiers & les piquets ſe mettroient en avant des pelotons de la droite & de la gauche de leur bataillon.

Les compagnies étant arrivées au lieu de l'aſſemblée générale du bataillon, les Soldats y reſteront repoſés ſur le fuſil juſqu'à l'arrivée des drapeaux.

Lorſqu'on battra l'aſſemblée, les Commandans des corps & tous les Capitaines ſe rendront auſſi-tôt au lieu où elle ſe devra faire. Les Capitaines verront s'il ne manquera rien à leurs compagnies, & ſi l'inſpection en aura été bien faite par les Officiers ſubalternes.

Formation du piquet & conduite des drapeaux.

DANS les garniſons ou dans les quartiers, l'Officier major demandera les Soldats commandés pour le piquet, leſquels ſe mettront auſſi-tôt ſur un rang derrière leurs compagnies, portant l'arme au bras: & quand l'Officier major leur fera le commandement de marcher, ils feront à gauche & fileront derrière le dernier rang pour ſe rendre à la gauche du bataillon, où les Officiers de piquet les formeront en arrivant.

Les Enſeignes du bataillon, ou ceux de tous les bataillons d'un même régiment qui ſeront raſſemblés, ſe mettront ſur un rang à la tête du piquet, derrière le Capitaine; les Sergens deſtinés à leur garde ſe placeront derrière eux. Les Tambours, à l'exception de deux qui reſteront à chaque bataillon, ſe formeront ſur pluſieurs rangs derrière le piquet, ayant la caiſſe ſur l'épaule, le Tambour-major à leur tête: l'Aide-major ſe tiendra devant le Capitaine de piquet. Le Capitaine ſe retournant vers ſon piquet, le chapeau ſur la tête, lui fera les commandemens pour porter le fuſil, & marcher les rangs ouverts à quatre pas de diſtance.

Il marchera enſuite à la tête de ſon piquet juſqu'au

lieu où seront les drapeaux, le Lieutenant marchant derrière le troisième rang, & le seul Tambour du piquet battant aux champs; il le mettra en bataille vis-à-vis de la porte de la maison où seront les drapeaux, & fera les commandemens nécessaires pour mettre la bayonnette au bout du fusil & présenter les armes. Il restera en cette situation à la tête de sa troupe, le Lieutenant à sa gauche, faisant l'un & l'autre observer le silence, tandis que les Enseignes entreront avec leurs Sergens dans la maison pour prendre les drapeaux.

Lorsque les Enseignes sortiront avec les drapeaux, ils s'aligneront en dehors de la porte, & s'arrêteront un moment vis-à-vis du piquet. Le Capitaine & le Lieutenant de piquet salueront du chapeau les drapeaux, les Sergens ôteront aussi le leur. Les Enseignes ayant leurs Sergens à côté d'eux, iront ensuite se placer entre le premier & le second rang du piquet, qui s'ouvriront d'avance à la distance nécessaire. Si l'on conduit les drapeaux de plusieurs bataillons, ils formeront autant de rangs qu'il y aura de bataillons, & dans le même ordre que ces bataillons seront formés, gardant entre eux deux pas de distance, de manière que les Enseignes & Sergens du premier bataillon seront au premier rang, ceux du second bataillon au dernier, & ceux des troisième & quatrième bataillons dans le centre. Les Tambours se mettront devant le piquet, l'Aide-major un peu en avant du Capitaine, le Lieutenant repassera derrière le piquet: alors le Capitaine de piquet commandera à sa troupe de porter les armes & de marcher, & il amènera les drapeaux en cet ordre, dans le lieu où le régiment ou le bataillon sera assemblé; tous les Tambours battant le drapeau, ce qu'ils continueront de faire jusqu'à ce qu'étant arrivés au bataillon ou régiment, le Major leur donne l'ordre de cesser.

Dans les régimens de plusieurs bataillons, les piquets de chaque bataillon iront alternativement chercher les drapeaux du régiment.

Quand un bataillon aura deux piquets, la compagnie de Grenadiers étant détachée, le second piquet ira chercher les drapeaux.

Quand les compagnies seront séparées, celles qui auront les drapeaux dans leur quartier, les apporteront avec elles au rendez-vous général des compagnies.

Dans les camps, les Enseignes en passant du front de bandière aux faisceaux, avec les deux Sergens commandés pour leur garde, prendront les drapeaux pour les porter à l'endroit indiqué.

A l'approche des drapeaux, le Major fera les commandemens pour faire mettre la bayonnette au bout du fusil & présenter les armes: en même temps, tous les Officiers étant à la tête de leurs troupes, reposés sur l'esponton, ôteront le chapeau de la main gauche; les Sergens ayant la hallebarde sur le bras gauche, l'ôteront de la main droite. Les Enseignes & leurs Sergens fileront devant le front du régiment, pour aller se placer sur une même ligne au centre du cinquième peloton de leur bataillon, un pas en avant du premier rang.

Le piquet qui les aura amenés, retournera à sa place, passant derrière les bataillons; & les Tambours resteront à la droite.

Dès que les Enseignes & le piquet auront pris leur place, le Major fera cesser de battre *le drapeau*, & fera les commandemens pour ôter la bayonnette & porter le fusil.

Division des pelotons en quarts de rang.

AVANT l'arrivée des drapeaux, on aura eu soin de diviser chaque peloton en quatre parties égales, qui s'appelleront quarts de rang de peloton, ou demi-rangs de compagnie; un Officier marquera ces divisions dans le premier rang du peloton, deux Sergens les marqueront de même dans le deuxième & le troisième rangs.

Si le nombre des files du peloton ne pouvoit être divisé en quatre parties égales, les deux quarts de rang des aîles seront marqués inégaux, de manière qu'ils fassent ensemble la moitié du peloton, & la plus forte division sera toûjours celle de la plus ancienne compagnie du peloton.

Marche. LORSQUE le Commandant aura ordonné que le régiment ou le bataillon se mette en marche, le Major, après avoir fait serrer les rangs, le fera rompre par la droite ou par la gauche, selon le côté où il devra marcher, les Officiers marchant à la tête de leurs troupes.

Avant que le bataillon se rompe, les Enseignes passeront au second rang du cinquième peloton, avec les deux Sergens, qui ne les quitteront point.

Lorsque le régiment ou le bataillon marchera, les Tambours (à l'exception de ceux des compagnies de Grenadiers & des piquets, qui resteront chacun sur le flanc de leur troupe) se partageront en deux bandes, qui se placeront à côté des compagnies de Grenadiers ou piquets, qui seront à la tête & à la queue du régiment ou du bataillon.

Ceux de la tête avec lesquels sera le Tambour-major, se placeront sur le flanc droit de la colonne, & les autres sur le flanc gauche; lorsque le terrein ne leur permettra pas d'y marcher, ils se placeront en avant des Grenadiers qui auront la tête du régiment ou bataillon, & en arrière du piquet, ou des Grenadiers qui fermeront la colonne.

Se mettre en bataille. LE régiment ou le bataillon étant arrivé sur le lieu où il devra se mettre en bataille pour faire l'exercice, ou pour quelque autre cause que ce soit, le Major fera appeler pour faire serrer les rangs, ensuite il fera battre aux champs, & fera marcher jusqu'à ce que les divisions soient à la distance nécessaire pour se mettre en bataille.

Si

6. Mai 1755.

Si l'on arrive ſur le terrein par la gauche, lorſqu'on battra *le drapeau* toutes les diviſions feront enſemble un quart de converſion à gauche pour former le bataillon.

Si le régiment arrive ſur le terrein par la droite, lorſque la compagnie de Grenadiers ou le piquet de la droite y ſera arrivé, il fera un quart de converſion à droite, & marchera quatre pas en avant, les rangs ſerrés: la première diviſion continuera à marcher juſqu'à la gauche des Grenadiers ou du piquet de la droite, fera enſuite un quart de converſion, & marchera quatre pas pour s'aligner : il en ſera de même ſucceſſivement des autres diviſions.

Les Tambours de la droite, ainſi que celui de la compagnie des Grenadiers qui tiendra la tête de la colonne, battront *le drapeau* quand leſdits Grenadiers feront le quart de converſion. Ceux de la gauche continueront de battre aux champs juſqu'à ce que le piquet ou la compagnie de Grenadiers qui fermera la colonne, ſe mette en bataille : alors ils battront *le drapeau*, ainſi que le Tambour dudit piquet ou de ladite compagnie de Grenadiers. A l'égard des Tambours des Grenadiers & des piquets qui ne ſeront ni à la tête ni à la queue de la colonne, ils ne commenceront à battre *le drapeau* que quand leur troupe devra faire le quart de converſion. Les Tambours continueront de battre tous enſemble juſqu'à ce que le Major leur faſſe le ſignal de finir.

Quand le régiment ou le bataillon ſera en bataille; tous les Tambours de la droite ſe placeront ſur deux rangs, à la droite du premier rang; & ceux de la gauche de même à la gauche du premier rang.

Les bataillons d'un même régiment ne garderont point d'intervalle entre eux en ſe mettant en bataille.

Si le régiment ou le bataillon doit faire le maniement des armes ou être vû en bataille, le Major, après avoir fait ceſſer les Tambours, fera les commandemens néceſſaires pour ouvrir les rangs en avant; & s'il doit être exercé tout de ſuite aux évolutions, il avertira les Officiers de ſe placer dans les rangs.

Renvoi du régiment ou bataillon.

TOUTES les fois qu'un régiment ou un bataillon aura été exercé ſur ſix rangs, on lui fera dédoubler ſes files pour le mettre à trois de hauteur avant de le renvoyer; & s'il a été exercé au feu, on fera l'inſpection des armes pour faire décharger celles qui ne le ſeroient pas.

Quand le Commandant aura donné l'ordre de le renvoyer, le Major le fera rompre par un quart de converſion, & retourner dans le même ordre qu'il ſera venu, ſans qu'aucun Officier puiſſe quitter ſa troupe avant que les appels ſoient faits & que les Soldats ſoient renvoyés.

Les drapeaux ſeront reconduits de même qu'ils auront été amenés.

DU MANIEMENT DES ARMES.

LE régiment ou le bataillon étant en bataille à rangs ouverts, ſur le terrein où il devra faire l'exercice, & les Officiers à la tête de leurs troupes, le Major dira:

Meſſieurs les Officiers, on va faire l'inſpection des armes.

A cet avertiſſement, les Sergens feront un pas en arrière, & tous les Officiers ayant mis l'eſponton ſur le bras gauche, ſe placeront ſur la droite ou ſur la gauche de leurs troupes, ſelon qu'elles ſeront formées par la droite ou par la gauche, le Lieutenant à deux pas de la place qu'occupoit le premier Sergent, & le Capitaine à quatre pas, les Officiers des deux compagnies du même peloton ſe faiſant face les uns aux autres; & ils examineront avec attention ſi les Soldats exécuteront avec préciſion les commandemens qui leur ſeront faits.

6. Mai 1755. 59.

Le Colonel, le Lieutenant-colonel & les Commandans de bataillon se placeront a hauteur du Major, faisant face à leur bataillon, & observeront si tout le monde sera attentif à suivre ce qui sera ordonné.

Personne ne parlera que le Major, pas même pour reprendre le Soldat qui seroit en faute.

COMMANDEMENS POUR L'INSPECTION.

1.

Passez le fusil du côté de l'épée.

EN quatre temps : au premier, le Soldat qui portera le fusil dans l'attitude ci-après prescrite au dixième commandement de l'inspection, & au premier du maniement des armes, saisira la crosse du fusil avec la main droite au dessous de la platine, sans remuer le fusil.

Au deuxième, en portant le pied droit en équerre derrière le pied gauche, & faisant un demi à droite sur le talon gauche, il détachera le fusil de l'épaule pour le tenir à plomb, le canon en dehors, entre la tête & l'épaule gauche; & la main gauche le saisira à la hauteur du menton, le bras droit étendu.

Au troisième, la main gauche laissera tomber la crosse à deux pouces de terre, sur la gauche du pied gauche, & la main droite saisira le canon à deux pouces de son extrémité, vis-à-vis le menton, le canon toûjours en dehors, & l'arme collée au corps.

Au quatrième, on posera la crosse à terre à quatre pouces sur la gauche du pied gauche, de manière qu'elle se trouve sur l'alignement où étoit la pointe des deux pieds lorsque le Soldat faisoit face en tête, les mains ne changeant point de place, le bout du canon vis-à-vis, & à huit ou dix pouces de la cravate, la baguette tournée vers le corps.

2.

Mettez la bayonnette au bout du canon.

EN trois temps : au premier, tenant le fusil avec la main gauche, on portera la main droite à la bayonnette entre le corps & le fusil, & on la dégagera du fourreau pour la saisir au dessus de la douille.

Au deuxième, on la portera à un pouce du bout du fusil, à la droite & dans la même direction que le canon, la douille parallèle & à la même hauteur que le canon.

Au troisième, on l'emboîtera dans le canon, & tout de suite on rejoindra la main droite au bout du fusil.

3.

Mettez la baguette dans le canon.

En deux temps : au premier, on saisira la baguette avec le pouce & le premier doigt de la main droite, plaçant le pouce alongé le long du gros bout de la baguette, le premier doigt plié & le coude près du corps : on la chassera tout de suite à moitié hors des tenons en alongeant le bras droit brusquement de toute sa longueur; puis renversant la main, on empoignera la baguette près du bout du canon, & achevant de la tirer par un second mouvement de bras très-prompt, on la fera tourner, le bras droit tendu, derrière le dos du Soldat qui est au même rang à la droite, pour la porter brusquement sur le ceinturon, glissant aussi-tôt la main droite à quatre doigts du gros bout, & tenant la baguette parallèle au canon.

Au deuxième, on la portera de biais au bout du canon, dans lequel on la laissera tomber, & on reportera aussi-tôt la main droite au bout du fusil.

4.

Tirez vos épées.

En quatre temps : au premier, quittant le fusil de la main droite on la portera à l'épée, pour la dégager un peu du fourreau, & en même temps ramenant le pied droit à côté du gauche, on redressera le fusil de la main gauche sans la changer de place, pour le tenir perpendiculaire, la crosse toûjours posée à terre, & à la même place, la platine en dehors.

Au deuxième, on portera l'épée vis-à-vis l'œil droit, la pointe en haut, la main un demi-pied plus basse que le menton, & à quatre pouces du corps.

Au troisième, on croisera l'épée sur le fusil, la passant sous

ſous les deux premiers doigts de la main gauche, qui ſe portera en même temps à deux pouces de l'extrémité du fuſil, la pointe de l'épée plus élevée d'un pied que la poignée, la coquille à un pouce du canon.

Au quatrième, la main droite tombera pendante ſur le côté.

Ces commandemens ayant été exécutés, les Commandans des pelotons, le Capitaine des Grenadiers & celui du piquet, paſſeront devant & derrière les rangs de leurs troupes pour viſiter les armes & les cartouches des Soldats, leſquels, à meſure que cet Officier arrivera devant eux, ſaiſiront le bout de la baguette avec le pouce & le premier doigt de la main droite, & l'élevant de trois pouces hors du canon, la laiſſeront retomber tout de ſuite, & porteront auſſi-tôt la main droite au porte-cartouche pour en relever la patte, cette viſite ayant principalement pour objet de s'aſſurer que les armes ne ſoient pas chargées, & que les cartouches ſoient bien fournies: quand l'Officier ſera paſſé, le Soldat laiſſera tomber la main droite pendante ſur le côté.

Lorſque la viſite étant finie, ces Officiers ſeront retournés à leur place, le Major commandera:

5.

Remettez vos épées.

En quatre temps: au premier, on reportera la main droite ſur la poignée de l'épée.

Au deuxième, on placera l'épée devant ſoi, comme au deuxième temps du quatrième commandement; & la main gauche gliſſant le long du fuſil, qu'elle contiendra entre le bras & l'épaule ſans le changer de ſituation, ſaiſira le fourreau de l'épée.

Au troiſième, on placera la pointe de l'épée dans le fourreau, la faiſant entrer d'un pouce.

Au quatrième, on achèvera d'enfoncer l'épée dans le fourreau.

6.

Joignez la main droite à vos armes.

En un temps, ramenant le pied droit derrière le gauche & faiſant un demi à droite, on placera le fuſil & les deux mains dans la poſition preſcrite au quatrième temps du premier commandement.

7.

Remettez la baguette en ſon lieu.

En deux temps : au premier, ſaiſiſſant le petit bout de la baguette avec le pouce & le premier doigt de la main droite, on la retirera par deux mouvemens très-vifs, comme il eſt dit au premier temps du troiſième commandement, pour la reporter par le petit bout ſur le ceinturon, gliſſant la main à environ ſix pouces de l'extrémité.

Au deuxième, on la fera entrer dans le tenon, juſqu'à ce que la main touche le bout du canon; & déployant enſuite le bras, on la pouſſera avec force pour la faire entrer d'un ſeul mouvement qui ramènera la main droite au bout du fuſil, qu'elle empoignera tout de ſuite.

8.

Remettez la bayonnette en ſon lieu.

En deux temps : au premier, on déboîtera d'un ſeul mouvement la bayonnette du canon, & on la tiendra empoignée comme au deuxième temps du ſecond commandement.

Au deuxième, on la remettra dans le fourreau.

9.

Joignez la main droite au fuſil.

En un temps : on reportera la main droite au bout du canon.

10.

Portez le fuſil.

En trois temps : au premier, quittant le fuſil de la main

droite on l'élevera devant soi de la main gauche, la portant à la hauteur du menton, & on le saisira de la main droite au dessous de la platine, prenant la position prescrite au deuxième temps du premier commandement.

Au deuxième, faisant face en tête & frappant du pied droit pour le ramener à côté du gauche, on portera le fusil de la main droite à plomb vis-à-vis l'épaule gauche, le canon en dehors; on placera en même temps la main gauche à la crosse, les trois derniers doigts sous le talon, le premier doigt sur la vis, & le pouce au dessus.

Au troisième, on appuyera la crosse de la main gauche au dessus du pli de la cuisse, de manière que le mouvement en soit libre; la soûgarde se placera en même temps appuyée environ à deux pouces au dessous du défaut de l'épaule, l'arme étant portée de façon que le canon ne penche ni du côté de la tête ni en dehors, le coude gauche près du corps sans être gêné, & en même temps la main droite tombera pendante sur le côté.

L'exercice de l'inspection étant fini, le Major fera faire un roulement, auquel tous les Officiers & Sergens reprendront leur place ordinaire, à la réserve des Commandans.

Il dira ensuite:

Bataillon (ou bataillons) on va faire l'exercice.

Puis il fera les commandemens pour faire serrer les rangs en avant.

Il fera donner ensuite un coup de baguette: alors tous les Officiers ôteront ensemble leur chapeau de la main droite, ainsi que les Sergens; & ayant remis leur chapeau, les Officiers feront à droite & à gauche. Les Sergens du premier rang ne bougeront, & ceux du dernier rang feront demi-tour à droite.

Ensuite le Major fera appeler, & tous les Officiers & Sergens partiront du pied gauche; savoir, les Sergens du premier rang pour s'avancer cinquante pas en avant du bataillon, faisant marcher devant eux tout ce qui pourroit en embarrasser le front; les Officiers, pour aller, passant par les intervalles des pelotons, se placer derrière le bataillon; les Capitaines, à huit pas du dernier rang; les Lieutenans & les Enſeignes, à quatre pas; les Sergens de garde aux drapeaux, à côté des Enſeignes; & les Sergens de la queue, douze pas en arrière du dernier rang du bataillon.

En paſſant par l'intervalle des pelotons, les Capitaines marcheront les premiers, & les Lieutenans enſuite : les Enſeignes, précédés de leurs Sergens, partiront du ſecond rang du cinquième peloton pour paſſer à droite & à gauche des quatre Soldats du troiſième rang qui ſont derrière eux, leſquels feront un pas en arrière pour leur faire place, & ſe remettront auſſi-tôt que les Enſeignes auront paſſé.

Les Sergens des Grenadiers & du piquet qui fermeront la droite & la gauche du régiment ou du bataillon, feront à droite & à gauche en même temps que les Officiers, & ils marcheront de même quand on appellera, pour ſe placer à douze pas des flancs du régiment ou du bataillon.

Le Colonel, le Lieutenant-colonel & les Commandans de bataillon, reſteront en avant du centre à la hauteur du Major : les Aide-majors ſe tiendront ſur les flancs du régiment ou du bataillon.

Alors tous les Tambours ayant fait un demi-quart de converſion pour faire face au Major, viendront en appelant par le chemin le plus court, juſqu'à la hauteur néceſſaire, pour que, par un ſecond demi-quart de converſion contraire au premier, ils ſe trouvent réunis ſur un ſeul rang à quatre pas derrière le Major, le dos tourné au régiment, obſervant d'arriver enſemble. Ils auront ſoin, en partant de la place qu'ils occupoient ſur le flanc du bataillon, de ſe former ſur un ſeul rang de chaque côté; ce qu'ils exécuteront en marchant, le premier rang de ceux de la droite faiſant le pas oblique à droite, & le ſecond à gauche, & les autres au contraire. Lorſque le Major leur en fera le ſignal, ils ceſſeront de battre, & feront en même temps demi-tour à droite pour faire face au régiment.

Les

Les Officiers & Sergens qui auront marché pour prendre leurs postes, comme il a été dit ci-dessus, resteront arrêtés jusqu'à ce que le Major ait fait cesser de battre : dans ce moment ils feront un demi-tour à droite pour faire face au régiment, salueront du chapeau, & se reposeront sur leurs esponton & hallebarde, sans quitter leur place, jusqu'à la fin de l'exercice, & dans un grand silence, observant que tous ces mouvemens se fassent ensemble.

Le Major fera ensuite les commandemens ci-après.

COMMANDEMENS POUR LE MANIEMENT DES ARMES.

I.

Préparez-vous à faire l'exercice.

A ce commandement les Soldats s'ouvriront un peu sur les aîles de leurs pelotons en se jetant brusquement de côté, & ils auront attention à se poster les deux talons sur une même ligne, séparés l'un de l'autre d'environ deux pouces, les épaules effacées, la poitrine en avant, le corps droit & bien à plomb, le fusil porté comme il est dit au dixième commandement de l'inspection, la tête haute & tournée sur la droite pour partir en même temps que le Soldat de sa droite; excepté celui de la première file de la droite du bataillon ou du régiment, qui devra regarder attentivement le Major pour partir immédiatement après le dernier mot du commandement lorsque le maniement des armes s'exécutera à la voix, & aussi-tôt après le coup de baguette quand il sera exécuté au son de la caisse.

Ils observeront tous de mettre une seconde entre l'exécution de chaque temps des commandemens qui en ont plusieurs.

Celui qui commandera l'exercice mettra deux secondes de repos entre la fin de l'exécution d'un commandement

& le commencement du ſuivant, & ce même intervalle ſera obſervé par les Soldats quand ils feront l'exercice à la muette.

Pour mettre toute la préciſion poſſible dans ces différens repos, on accoûtumera les Soldats à compter *un, deux*, dans le temps d'une ſeconde, & à répéter cette formule autant de fois qu'ils auront de ſecondes à attendre pour exécuter les mouvemens, ſans faire avancer de Soldat hors du rang pour leur ſervir de modèle.

Quant à l'exécution des mouvemens, on aura attention que les Soldats y emploient la plus grande vivacité, qu'ils arrivent à l'objet propoſé par la voie la plus courte, paſſant toûjours leurs armes tout près du corps, ſans ſouffrir aucuns mouvemens alongés, & qu'à la fin de chaque temps il y ait une ceſſation totale de mouvement.

2.

Paſſez le fuſil du côté de l'épée.

En quatre temps, comme au premier commandement pour l'inſpection.

3.

Mettez la bayonnette au bout du canon.

En trois temps, comme au deuxième commandement pour l'inſpection.

4.

Portez vos armes.

En trois temps, comme au dixième commandement pour l'inſpection.

5.

A droite.

6.

A gauche.

Ces deux commandemens s'exécuteront chacun en un temps, en tournant ſur le talon gauche, & portant le droit ſur la même ligne; ayant attention de garder toûjours le même intervalle de deux pouces entre les deux talons, de ne point laiſſer chanceler le corps ni les armes, de ne tourner ni trop ni trop peu, & d'exécuter les mouvemens bruſquement ſans ſauter.

7.

Demi-tour à droite.

8.

Demi-tour à droite.

Ces deux commandemens s'exécuteront chacun en trois temps.

Au premier, on portera le pied droit derrière le gauche, les deux talons à quatre pouces de diſtance l'un de l'autre.

Au deuxième, on tournera ſur les deux talons par la droite, juſqu'à ce que l'on faſſe face du côté oppoſé.

Au troiſième, on reportera le pied droit à côté du gauche ſans frapper.

9.

Haut les armes.

En deux temps: au premier, on portera la main droite ſous la platine, ſans mouvoir le fuſil.

Au deuxième, en retournant le fuſil on le portera devant ſoi entre les deux yeux, le canon en dedans, la main droite embraſſant la poignée du fuſil près de la ſoûgarde: on ſaiſira en même temps le fuſil de la main gauche, la tenant à la hauteur de la cravate & près de l'extrémité ſupérieure de la platine, le pouce alongé le long du bois, le bas de la croſſe appuyé contre le ventre.

10.

Apprêtez vos armes.

En un temps: les Soldats du premier rang mettant le genou droit en terre à trois pouces ſur la droite, & dix à douze pouces en arrière du pied gauche, poseront la crosse à terre vis-à-vis le genou, tenant le fusil à plomb, le corps droit & en arrière, & ils armeront en même temps le fusil en portant la main droite au chien, dont ils saisiront l'extrémité avec le pouce & le premier doigt : les Soldats du deuxième rang passeront le pied droit à trois pouces en équerre derrière le gauche, tournant sur le talon gauche & effaçant le corps à droite : ceux du troisième rang porteront le pied droit trois pouces en arrière de la place qu'il occupoit, sans effacer le corps; & les Soldats de ces deux derniers rangs armeront en même temps le fusil en mettant le pouce sur le chien.

11.

En joue.

En un temps: les Soldats des trois rangs appuyeront la crosse à l'épaule droite, le coude droit serré; & ajustant devant eux, ils placeront le premier doigt dans la soûgarde & le pouce sur la poignée, ceux du premier rang observant d'avoir toûjours le corps en arrière.

12.

Feu.

En un temps : on appuyera avec force le premier doigt sur la détente, sans baisser la tête ni faire aucun autre mouvement; & aussi-tôt après, le premier rang se relevant brusquement, on retirera les armes vivement, la main gauche glissant jusqu'à la capucine, la crosse sous le bras droit, le bout du canon plus élevé d'un pied & demi que le bassinet, la platine vis-à-vis la poitrine, la soûgarde un peu en dehors & à la hauteur du teton droit, le coude gauche collé au corps, les deux premiers doigts & le pouce de la main droite sur le chien, prêt à le mettre en son repos. A l'égard des pieds, on rapprochera le droit à deux pouces & en équerre derrière le gauche, les trois rangs faisant presque face à la droite.

13.

Mettez le chien en son repos.

En un temps : on relevera le chien du fusil avec le pouce & le

& le premier doigt, jusqu'à ce qu'il s'arrête dans le cran du repos, & tout de suite on remettra la main droite appuyée contre la poignée du fusil.

14.

Prenez la cartouche.

En un temps : on portera brusquement la main au porte-cartouche pour en tirer la cartouche.

15.

Déchirez-la avec les dents.

En deux temps : au premier, on portera la cartouche à la bouche pour la déchirer.

Au deuxième, on la portera brusquement près du bassinet.

16.

Amorcez.

En un temps : tenant la cartouche des deux premiers doigts, le pouce sur l'ouverture, on remplira le bassinet de poudre ; & à la fin du temps on portera la main droite derrière la batterie.

17.

Fermez le bassinet.

En un temps : on fermera le bassinet avec les deux derniers doigts, tenant toûjours la cartouche des deux premiers doigts, & on reposera la main droite derrière la platine, saisissant la poignée entre les deux derniers doigts & la paume de la main.

18.

Passez vos armes du côté de l'épée.

En trois temps : au premier, on effacera le corps un peu à gauche en rapprochant le pied droit en équerre derrière le gauche, & on portera en même temps le fusil perpendiculaire devant soi, du côté gauche, le canon en dehors, faiſant gliſſer la main gauche au milieu du canon pour prendre l'attitude preſcrite au ſecond temps du premier commandement de l'inſpection.

Aux deuxième & troiſième, comme aux troiſième & quatrième du premier commandement pour l'inſpection, excepté que l'on ſaiſira le bout du canon ſeulement avec les deux derniers doigts de la main droite.

19.

Mettez la cartouche dans le canon.

En un temps : on mettra la cartouche dans le canon, & on ſaiſira en même temps la baguette avec le pouce & le premier doigt, comme il eſt dit au premier temps du troiſième commandement pour l'inſpection.

20.

Tirez la baguette.

En un temps : on tirera la baguette comme il eſt dit au premier temps du troiſième commandement pour l'inſpection.

Quand un Soldat fera tomber par mal-adreſſe ſa baguette, ſon chapeau ou ſa bayonnette, en quelque temps de l'exercice que ce ſoit, il ne la ramaſſera point, & il attendra que l'Officier qui commandera l'exercice, donne ordre à un Sergent de le faire.

21.

Bourrez.

En un temps : on portera la baguette bruſquement de biais au bout du canon, dans lequel on la chaſſera vivement, & on la retirera en même temps pour la reporter par le petit bout ſur le ceinturon, comme au premier temps du ſeptième commandement pour l'inſpection.

22.

Remettez la baguette en ſon lieu.

En un temps, comme au deuxième du ſeptième commandement pour l'inſpection.

23.

Portez vos armes.

En trois temps, comme au dixième commandement pour l'inſpection.

24.

Préſentez vos armes.

En trois temps, les deux premiers comme au neuvième commandement.

Au troiſième, en retirant le pied droit en équerre à deux pouces derrière le gauche, & faiſant toûjours face en tête, on abaiſſera le fuſil à plomb vis-à-vis l'œil gauche, la baguette en avant, le bras droit étendu dans toute ſa longueur, & l'avant-bras gauche collé au corps. Les mains ne changeront point de ſituation, on abaiſſera ſeulement le pouce de la main gauche derrière le canon.

25.

Portez vos armes.

En deux temps : au premier, en frappant du pied droit & le plaçant à côté du gauche, on relevera le fuſil de la main droite, tournant le canon en dehors, & on le placera dans la poſition indiquée au deuxième temps du dixième commandement pour l'inſpection.

Au deuxième, comme au troiſième temps du même commandement.

26.

Paſſez vos armes du côté de l'épée.

En quatre temps, comme au premier commandement pour l'inſpection.

27.

Remettez la bayonnette en ſon lieu.

En deux temps, comme au huitième commandement pour l'inſpection.

28.

Joignez la main droite au fusil.

En un temps, comme au neuvième commandement pour l'inspection.

29.

Portez le fusil.

En trois temps, comme au dixième commandement pour l'inspection.

Le Major fera ensuite les commandemens pour ouvrir les rangs en arrière : les Officiers & Sergens qui sont derrière le régiment, suivront les mouvemens du troisième rang, faisant demi-tour à droite, marchant douze pas, & se remettant ensuite : les Sergens de Grenadiers & de piquet qui sont à la hauteur du troisième rang, feront en même temps à droite ou à gauche pour suivre aussi le mouvement du troisième rang; après quoi le Major continuera :

30.

Passez la platine sous le bras gauche.

En quatre temps : le premier comme au premier commandement pour l'inspection.

Au deuxième, on portera le fusil de la main droite vis-à-vis l'épaule gauche, le pouce le long du revers de la platine, le canon en dehors; & on l'empoignera de la main gauche à un demi-pied de la partie supérieure de la platine à la hauteur du menton, ayant le pouce alongé sur la baguette pour la contenir.

Au troisième, on passera la platine sous le bras gauche, la main droite accompagnant le fusil jusque sous le bras, le bout du canon environ à un pied de terre.

Au quatrième, on laissera tomber la main droite pendante.

31.

Portez le fusil.

En trois temps : au premier, on reportera le fusil devant soi

ſoi de la main gauche, en le relevant & le ſaiſiſſant en même temps de la main droite au deſſous de la platine, le pouce le long du revers de ladite platine, le canon en dehors, la main gauche à la hauteur du menton.

Au deuxième, on placera la main gauche ſous la croſſe dans la ſituation preſcrite au deuxième temps du dixième commandement pour l'inſpection.

Au troiſième, comme au dernier temps du même commandement.

32.

Renverſez le fuſil.

En cinq temps : aux deux premiers, comme au neuvième commandement.

Au troiſième, en retournant la main gauche & alongeant les bras, on renverſera le fuſil, le bout du canon en avant, la croſſe paſſant entre le bras droit & le corps ; & plaçant le fuſil à plomb, la croſſe haute entre les deux yeux, le canon en dehors, on l'empoignera tout de ſuite de la main droite entre le chien & la croſſe.

Au quatrième, on paſſera le fuſil renverſé ſous le bras gauche, gliſſant la main gauche le long du canon, de façon que la croſſe ſoit appuyée à l'épaule.

Au cinquième, on détachera la main droite du fuſil, la laiſſant tomber pendante.

33.

Portez le fuſil.

En quatre temps : au premier, on reportera le fuſil devant ſoi de la main gauche, & l'on joindra tout de ſuite la main droite à la même place qu'au troiſième temps du commandement précédent.

Au deuxième, la main gauche ſe renverſera & retournera le fuſil, le bout du canon en avant, pour le placer dans la même poſition qu'au deuxième temps du neuvième commandement.

Au troiſième, en retournant le fuſil de la main droite, on le placera dans la ſituation preſcrite au deuxième temps du dixième commandement pour l'inſpection.

Au quatrième, comme au troisième du même commandement.

34.

Portez l'arme au bras.

En trois temps : au premier, comme au premier temps du premier commandement pour l'inspection.

Au deuxième, la main gauche quittant la crosse, se placera dans l'habit sur la poitrine, & on appuyera le chien du fusil sur l'avant-bras gauche sans détacher l'arme de l'épaule.

Au troisième, on laissera tomber la main droite pendante.

35.

Portez le fusil.

En trois temps : au premier, on portera la main droite à la poignée du fusil.

Au deuxième, la main gauche se placera sous la crosse, & fixera le fusil dans la position ordinaire.

Au troisième, la main droite tombera pendante.

36.

Reposez-vous sur le fusil.

En quatre temps : les deux premiers comme au neuvième commandement.

Au troisième, portant le fusil de la main gauche au côté droit, on l'empoignera de la main droite à la hauteur du chapeau, le tenant à plomb, la soûgarde en dehors.

Au quatrième, on laissera tomber le fusil à terre, à la droite de la pointe du pied droit, la soûgarde en avant, observant de lever le pied en même temps que le fusil arrivera à terre, & de le replacer aussi-tôt en frappant, & la main gauche tombera pendante sur le côté.

37.

Posez le fusil à terre.

En quatre temps : au premier, en même temps qu'on

tournera le fusil le canon vers le corps, on fera à droite sur le talon gauche, on placera le pied droit derrière la crosse du fusil, & on mettra la main gauche derrière le dos pour saisir la bretelle de la giberne.

Au deuxième, laissant couler la main jusqu'à la moitié du canon, on fera un pas de deux pieds en avant du pied gauche, & en courbant le corps brusquement l'on couchera le fusil par terre la platine en dessus.

Au troisième, on se relevera en retirant le pied gauche & tenant le bras droit pendant.

Au quatrième, on tournera sur le talon gauche pour faire face en tête, le pied droit se replaçant à côté du gauche; & la main gauche quittant la bretelle de la giberne, tombera pendante sur le côté.

38.

Reprenez le fusil.

En quatre temps : au premier, on tournera à droite comme ci-devant, plaçant le pied droit derrière la crosse du fusil, & la main gauche saisira en même temps la bretelle de la giberne derrière le dos.

Au deuxième, on fera un pas en avant du pied gauche, se courbant pour reprendre le fusil avec la main droite à la moitié du canon.

Au troisième on se relèvera, tenant le fusil à côté de soi le canon vers le corps.

Au quatrième, la main droite glissant sur le canon pour le tenir à la même place où elle étoit au quatrième temps du trente-sixième commandement, retournera le fusil la soûgarde en avant, la main gauche tombera pendante, & on tournera à gauche sur le talon gauche, en ramenant le pied droit à sa place.

39.

Portez le fusil.

En quatre temps: au premier, on élèvera le fusil de la main droite en le rapprochant du corps, & la main gauche le saisira au dessus de la platine.

Au deuxième, on le ramènera devant soi de la main

gauche, la main droite le saisissant sous la platine dans l'attitude prescrite pour faire *haut les armes* au deuxième temps du neuvième commandement.

Les troisième & quatrième, comme les troisième & quatrième temps du trente-troisième commandement.

Le maniement des armes étant fini, si on veut le recommencer, le Major fera les commandemens nécessaires pour serrer les rangs en avant.

Pour exercer le bataillon ou le régiment à d'autres manœuvres, le Major avant de faire serrer les rangs fera faire un roulement, & avertira que c'est pour rappeler les Officiers & les Sergens à leur place.

Il fera ensuite le commandement suivant:

Par pelotons, serrez vos files sur le centre.

Les Soldats, pour l'exécuter, se serreront de droite & de gauche sur le centre de leurs pelotons, en se jetant brusquement de côté.

Lorsque les Tambours appelleront, les Officiers & Sergens partiront ensemble, marchant à même hauteur, pour venir prendre les places qu'ils devront occuper, passant par les intervalles entre les pelotons, & observant que les Lieutenans arrivent les premiers, les Capitaines ensuite, & les Sergens les derniers.

Les Enseignes rentreront dans le second rang de leur peloton, de la même manière qu'ils en seront sortis.

Chaque division des Tambours fera en même temps un demi-quart de conversion, l'une à droite & l'autre à gauche, pour faire face à l'aîle du bataillon qu'elle doit occuper, & ils s'y rendront par le chemin le plus court, observant de se reformer en marchant sur deux rangs de chaque côté par le pas oblique: lorsqu'ils seront arrivés aux aîles du bataillon, ils s'y placeront par un demi-quart de conversion contraire au premier; & lorsque le Major en fera le signal ils cesseront de battre, & feront face en tête par un demi-tour à droite.

Alors

Alors les Officiers & les Sergens feront tous face en tête & falueront enfemble du chapeau.

Le Major fera enfuite ferrer les rangs en avant & placer les Officiers dans les rangs.

DE LA MARCHE.

On diftinguera trois fortes de marches, celle que le Soldat fait devant lui en ligne droite, celle qui fe fait en ligne oblique, & la marche de converfion qui fe fait en ligne circulaire. *Trois fortes de marches.*

La marche devant foi en ligne droite fe fera par trois fortes de pas; le petit pas, le pas ordinaire & le pas redoublé. *Trois pas en avant.*

La longueur du petit pas fera d'un pied, & celle des deux autres, de deux pieds; le tout mefuré d'un talon à l'autre. Quant à la durée, celle des deux premiers pas fera d'une feconde, pendant laquelle on fera deux pas redoublés. *Longueur & durée de ces pas.*

Le pas oblique fe fera dans le même efpace d'une feconde; il fera au plus de dix-huit pouces d'un talon à l'autre, & on le règlera fur le plus ou le moins d'obliquité de la ligne que l'on aura à parcourir pour arriver fur le lieu vers lequel la marche fera dirigée. *Pas oblique.*

On redoublera le pas oblique comme le pas ordinaire, en faifant deux pas obliques dans l'efpace d'une feconde.

Le pas que chaque Soldat doit faire en marchant en ligne circulaire pour faire un quart de converfion, doit être plus raccourci ou plus alongé felon que celui qui le fait fe trouve plus près ou plus éloigné du Soldat qui foûtient, lequel ne doit que pivoter fur le talon. *Pas de la converfion.*

Pour que la converfion fe faffe régulièrement, il faut que tous les Soldats de la divifion aient toûjours les yeux fur l'Officier qui eft fur le flanc extérieur de la divifion qui tourne, lequel marchera le pas ordinaire ou le pas redoublé, selon qu'il sera ordonné, & qu'ils règlent leur marche sur la sienne, de manière qu'ils lèvent chaque pied en même temps & autant de fois que lui, & qu'ils ne gagnent à chaque pas ni plus ni moins de terrein qu'il est nécessaire pour se tenir à même hauteur, & achever ensemble la conversion : ils observeront aussi de ne point se séparer en marchant, du Soldat qui est du côté qui soûtient.

Partir du pied gauche.

LES Soldats partiront du pied gauche pour toute sorte de pas, & ils auront attention en marchant d'avoir les épaules alignées avec celles de leurs camarades.

Forme du pas.

LE pas se fera en un temps; la jambe tendue sera portée en avant sans affectation, le pied rasant de près la surface du terrein sur lequel on marchera, & posant à terre de manière que chaque partie y appuie en même temps.

S'arrêter.

ON accoûtumera les Soldats à s'arrêter au mot *Halte,* & à placer sur le champ le pied qui est derrière sur le même alignement que celui de devant.

Position de la tête en marchant.

LORSQUE le Soldat marchera en avant, il prendra garde à ne se jeter ni à droite ni à gauche, & il aura la tête un peu tournée vers le centre de son rang, pour avoir l'œil sur le Commandant du bataillon ou sur l'Officier qui commandera sa division.

Si la troupe défile les rangs ouverts, le Soldat en approchant de la personne devant laquelle il doit passer, tournera la tête de son côté jusqu'à ce qu'il l'ait dépassée.

Si elle forme le pas oblique, la tête, ainsi que le coup d'œil du Soldat, se tourneront du côté vers lequel il marchera.

Port du fusil, en marchant le pas ordinaire.

EN toute occasion où le contraire ne sera pas ordonné, les Soldats marcheront le pas ordinaire de deux pieds, portant le fusil dans les cas de parade & d'évolution, hors desquels on leur fera porter l'arme au bras en marchant;

& cette attitude ſera ſubſtituée à celle de porter le fuſil ſur le bras gauche & la croſſe haute, dans tous les cas où elles ont été ci-devant ordonnées.

Quant aux Caporaux & Anſpeſſades qui commanderont des détachemens, ils porteront leurs armes ſur le bras gauche, comme les Officiers des Grenadiers.

Au pas redoublé.

LORSQU'ON battra la charge, les Soldats marcheront le pas redoublé, portant leurs armes, & ils feront haut les armes lorſque les Officiers porteront l'eſponton en avant, ce qui ne leur ſera commandé qu'à quinze pas de l'ennemi.

On exercera les bataillons à marcher habituellement le pas redoublé étant à ſix de hauteur, même juſqu'à quatre ou cinq cens pas de ſuite dans toute ſorte de terrein.

Diſtances à rangs ſerrés.

LES rangs étant ſerrés, le Soldat occupera environ dix-huit pouces de tout ſens; il y aura, pour cet effet, un pied de diſtance entre la pointe du pied d'un Soldat & le talon de celui de la même file qui le précède. Quant aux Soldats du même rang, ils n'auront d'autre règle à obſerver que de ſe ſerrer juſqu'à ce que leurs bras ſe touchent, ſans cependant qu'ils ſoient trop gênés.

Lorſque l'on marchera en colonne à rangs ſerrés, on conſervera, d'une diviſion à l'autre, un eſpace égal à l'étendue du front de chacune de ces diviſions; obſervant de compter cette diſtance du premier rang de la diviſion au premier rang de celle qui la précède.

A rangs ouverts.

QUAND on marchera par bataillon à rangs ouverts, on gardera ſix pas ordinaires de diſtance d'un rang à l'autre.

Si le bataillon, étant en colonne à trois de hauteur, ouvre ſes rangs pour défiler, les Officiers à la tête de leurs troupes, les rangs obſerveront entre eux quatre pas de diſtance en quelque diviſion que le bataillon ſoit rompu; & le premier rang d'une diviſion partira toûjours, ainſi que les Officiers (qui ſeront ſur un rang à deux pas du Soldat) en même temps que le dernier rang de la diviſion précédente, à moins que la diſtance entre ces deux rangs ne ſe trouvât moindre de dix pas ordinaires, auquel cas le premier rang attendra pour partir, qu'il y ait cette diſtance de dix pas entre lui & le dernier rang de la diviſion qui précède.

On obſervera ces mêmes diſtances entre les rangs & les diviſions, non ſeulement lorſque les bataillons défileront pour ſe rendre au terrein des exercices, & lorſque les Officiers devront ſaluer, mais encore dans les marches, pendant la paix & à l'armée, les Officiers étant à cheval entre les diviſions.

Quand le bataillon ſera en colonne à trois de hauteur, les Officiers à la droite & à la gauche des pelotons, ſi on lui fait ouvrir les rangs, ils ne mettront entre eux que deux pas de diſtance en quelque diviſion que le bataillon ſoit rompu, & les premiers rangs de chaque diviſion partiront tous en même temps afin que la colonne ne s'alonge point.

Si le bataillon étant rompu à ſix de hauteur, on veut lui faire ouvrir les rangs, on fera garder la même diſtance de deux pas entre chaque rang, auſſi-bien qu'entre les Officiers de ſerre-file qui reſteront collés au dernier rang de leurs diviſions, & ceux qui ſont à la tête des diviſions ſuivantes, leſquels marcheront éloignés auſſi de deux pas de leur premier rang : ſi cependant le front des diviſions étoit tel que tous les rangs pûſſent s'ouvrir ſans alonger la colonne, tous les Officiers de la tête des diviſions partiroient enſemble, & conſerveroient entre eux & ceux qui les précèdent, la diſtance qui s'y trouveroit.

Paſſage du défilé.

LORSQU'UNE troupe étant en marche, il ſe trouvera quelqu'empêchement qui ne permettra pas au front de la diviſion de paſſer en entier, ſi le paſſage eſt ſur la droite, les hommes de la gauche de chaque rang, qui

6. Mai 1755. 70.

qui ne pourront marcher devant eux, fileront derrière la droite de leur rang. La même chose s'obfervera par ceux de la droite des rangs, fi le défilé eft fur la gauche; & quand le défilé fe trouvera au centre, les hommes du centre du rang pafferont les premiers, & ceux de la droite & de la gauche filant derrière le centre, pafferont enfuite.

Ce mouvement fe commencera dans chaque divifion quelques pas avant qu'elle entre dans le défilé; & au fortir du défilé, les parties de rang qui auront été rompues, doubleront le pas pour s'y rejoindre, afin qu'il n'y ait point de retardement à la marche de ceux qui les fuivent, & que chaque divifion conferve toûjours fa même profondeur fans l'augmenter.

Quart de converfion en marchant.

Lorsqu'en marchant fur trois ou fix rangs ouverts, il s'agira de faire un quart de converfion, l'Officier qui conduira chaque divifion lui commandera, *ferrez vos rangs;* auffi-tôt les derniers rangs ferreront par le pas redoublé fur le premier, qui continuera de marcher le pas ordinaire; l'Officier ayant attention de faire ce commandement affez à temps pour que le dernier rang ait achevé de ferrer au moment que le premier rang arrivera fur le lieu où la divifion devra tourner : alors l'Officier dira, *marche,* en faifant figne à l'aîle qui doit tourner, & les rangs feront enfemble légèrement le quart de converfion, obfervant de fuivre leurs chefs de file. Dès que le quart de converfion fera fait, l'Officier faifant figne au pivot de partir, les rangs continueront de marcher ferrés jufqu'à ce que le dernier rang ayant dépaffé le lieu fur lequel la divifion aura tourné, l'Officier commandera, *ouvrez vos rangs;* & alors le premier rang continuant de marcher, les autres rangs s'arrêteront pour prendre fucceffivement les mêmes diftances qu'ils avoient avant de tourner.

Ces commandemens faits à une divifion, n'influeront en rien fur la marche de la divifion fuivante, qui obfervera de ne point ralentir fon pas.

Place des Grenadiers & du piquet en marchant.

Le bataillon marchant en bataille, la compagnie de Grenadiers & le piquet conſerveront leur place à la droite & à la gauche du bataillon.

Quand il marchera par demi-rangs, la compagnie de Grenadiers marchera avec le premier demi-rang, & le piquet avec le ſecond demi-rang.

Si le bataillon marche par tiers de rang ou par pelotons, la Compagnie des Grenadiers & le piquet feront chacun leur diviſion particulière à la tête & à la queue du bataillon.

Se remettre en bataille.

Lorsqu'après avoir marché à rangs ouverts, on voudra ſe remettre en bataille, ſi la colonne occupe plus de terrein que le bataillon n'en doit avoir étant formé, le Major avertira les Officiers de la tête de la colonne de ne marcher que le petit pas juſqu'à nouvel ordre, & il ordonnera aux Tambours d'appeler.

A ce ſignal, les premiers rangs de chaque diviſion, excepté de la première, continueront de marcher le pas ordinaire, les autres rangs ſerreront ſur le premier, par le pas redoublé.

Lorſque les rangs ſeront ſerrés, le Major fera battre aux champs, & toutes les diviſions, excepté la première, continueront de marcher le pas ordinaire juſqu'à ce qu'elles ſoient arrivées à la diſtance néceſſaire pour ſe mettre en bataille ; ce qui s'exécutera lorſque le Major fera battre au drapeau.

Si la colonne n'eſt pas plus étendue que ne doit l'être le front du bataillon, la tête de la colonne ne ralentira pas ſa marche ; & auſſi-tôt que les rangs ſeront ſerrés, le Major pourra faire battre *au drapeau*.

6. Mai 1755.

DES MANŒUVRES PAR RANGS ET PAR FILES.

LORSQU'UN bataillon étant en bataille ſur trois rangs ſerrés, on voudra les faire ouvrir, on fera les commandemens ſuivans : *Ouvrir les rangs.*

1. *Prenez garde à vous pour ouvrir les rangs en avant.*
2. *Marche.*
3. *Halte.*

LE premier commandement ne ſervira que d'avertiſſement.

Au deuxième commandement, le premier rang partira ſeul marchant le pas ordinaire; le ſecond rang partira au ſeptième pas du premier rang; le troiſième rang ne bougera ſi le bataillon doit s'arrêter; mais ſi le bataillon doit marcher, le troiſième rang partira au ſeptième pas du ſecond rang.

Au troiſième commandement, les trois rangs s'arrêteront enſemble ſi le bataillon marche; mais s'il ne devoit pas marcher, le Major aura attention de commander *halte* quand le ſecond rang formera ſon ſixième pas.

Pour faire ouvrir les rangs, le bataillon étant rompu; ſi les rangs doivent prendre quatre pas de diſtance, le deuxième rang ne partira qu'au cinquième pas du premier rang, & le troiſième au cinquième pas du ſecond.

Lorſque les rangs ne devront prendre que deux pas de diſtance, le deuxième rang partira au troiſième pas du premier, le troiſième au troiſième pas du ſecond, & ainſi des autres.

Pour faire ouvrir les rangs en arrière, on commandera :

1. *Prenez garde à vous pour ouvrir les rangs en arrière.*
2. *Que le premier rang ne bouge.*
3. *Demi-tour à droite.*

4. *Marche.*
5. *Halte.*
6. *Remettez-vous.*

Au troisième commandement, les deux derniers rangs feront demi-tour à droite.

Au quatrième, le troisième rang partira seul, & le second rang partira au septième pas du troisième rang.

Au cinquième commandement, les deux derniers rangs s'arrêteront; le Major ayant soin de faire ce commandement lorsque le second rang formera son sixième pas.

Au sixième, ils se remettront par un demi-tour à droite.

Lorsque le bataillon étant en bataille à six de hauteur on voudra lui faire ouvrir les rangs, soit en avant ou en arrière, l'on se servira des mêmes commandemens, & les rangs s'ouvriront de la même manière; avec cette seule différence, qu'ils ne prendront entr'eux que quatre pas de distance.

Serrer les rangs. Le bataillon étant en bataille sur trois ou sur six rangs ouverts, on les fera serrer en arrière, en commandant:

1. *Prenez garde à vous pour serrer les rangs en arrière.*
2. *Que le dernier rang ne bouge.*
3. *Demi-tour à droite.*
4. *Marche.*
5. *Remettez-vous.*

Au troisième commandement, tous les rangs, excepté le premier, feront demi-tour à droite.

Au quatrième, ils marcheront jusqu'à ce qu'ils se soient approchés du dernier, chacun à la distance d'un pied ci-devant prescrite.

Au cinquième, ils se remettront par un demi-tour à droite.

Pour faire serrer les rangs en avant, on commandera:

1. *Prenez*

1. *Prenez garde à vous pour ſerrer les rangs en avant.*

2. *Que le premier rang ne bouge.*

3. *Marche.*

Les deux premiers commandemens ne ſerviront que d'avertiſſement.

Au troiſième, les derniers rangs marcheront juſqu'à ce que chaque rang ſoit à la diſtance preſcrite.

Doubler les files en avant.

Pour augmenter la profondeur du bataillon en diminuant ſon front, on commandera :

1. *Prenez garde à vous pour doubler vos files.*
2. *Ouvrez vos rangs.*
3. *A droite & à gauche par quart de rang de peloton (*ou *par demi-rang de compagnie) doublez vos files en avant.*
4. *Marche.*
5. *Halte.*
6. *Serrez vos diviſions.*
7. *Marche.*

Au deuxième commandement, le premier rang marchera deux pas ordinaires, & le deuxième un pas ; le troiſième ne bougera.

Au quatrième, les quarts de rang de chaque peloton (ou demi-compagnies) qui ſont aux aîles, après avoir fait deux pas ordinaires en avant, viendront par le pas oblique ſe placer devant les quarts de rang du centre qui les joignent, leſquels marcheront en même temps le petit pas ; & lorſque les quarts de rang des aîles s'étant réunis couvriront ceux du centre, ils marcheront avec eux le petit pas en avant ; les Officiers iront en même temps au pas redoublé occuper les places qui leur ſont preſcrites, la troupe étant à ſix de hauteur.

Au cinquième commandement, le bataillon s'arrêtera.

Au ſeptième, les trois pelotons de la droite du bataillon

feront le pas oblique à gauche; les trois autres le feront à droite, & à mesure qu'ils se réuniront sur le centre, ils marcheront en avant le petit pas.

La compagnie des Grenadiers & le piquet devant rester sur trois rangs, ne les ouvriront pas au deuxième commandement, mais marcheront deux pas ordinaires avec le premier rang du bataillon.

Au quatrième & au septième commandement, ils suivront par le pas oblique le mouvement des compagnies contigues.

Dédoubler les files en avant.

POUR dédoubler les files, & rendre au bataillon le front qu'il avoit précédemment, on commandera:

1. *Prenez garde à vous pour dédoubler vos files.*
2. *Marche.*
3. *Halte.*

AU deuxième commandement, les trois pelotons de la droite du bataillon formeront le pas oblique à droite, & les trois pelotons de la gauche le formeront à gauche. Lorsque les onzième & douzième compagnies auront laissé entr'elles la place nécessaire pour les deux files de leurs Officiers, les premier, troisième & cinquième rangs de ces compagnies quitteront le pas oblique pour marcher le petit pas en avant : quand les deuxième, quatrième & sixième rangs de ces mêmes compagnies auront par le pas oblique dépassé la droite & la gauche de leurs rangs impairs, ils se placeront à côté d'eux par le pas ordinaire pour former un même rang, & continueront de marcher ensuite le petit pas en avant; en même temps que ceux-ci quitteront le pas oblique, les rangs pairs des cinquième & sixième compagnies le quitteront aussi, & marcheront le petit pas jusqu'à ce que leurs rangs impairs les ayant découverts par le pas oblique, ils viendront se placer à côté d'eux par le pas ordinaire, & pour lors les cinquième & sixième pelotons entiers marcheront le petit pas en avant. Chacun des autres pelotons dédoublera dans le même ordre, observant que les rangs impairs des dernières compagnies de chaque peloton ne doivent commencer à marcher le petit pas en avant, que quand après le dédoublement du peloton voisin ils auront laissé à côté d'eux la place nécessaire pour les Officiers.

Les Officiers qui doivent occuper la droite & la gauche des compagnies, entreront dans les rangs à meſure qu'ils verront que les pelotons qui auront dédoublé formeront à côté d'eux la place néceſſaire pour les recevoir.

Les deux derniers rangs de chaque peloton ſerreront ſur le premier par le pas ordinaire, lorſque le dédoublement du peloton ſera fini.

Les Grenadiers & le piquet ſuivront le mouvement des pelotons des aîles.

Le Major ne commandera *Halte,* que quand il verra tous les pelotons dédoublés.

Doubler les files ſur le même alignement.

LORSQUE le terrein ne permettra pas de marcher en avant pour doubler les files, on les doublera ſur le même alignement, & pour cet effet on commandera :

1. *Prenez garde à vous pour doubler vos files ſur le même alignement.*
2. *Quarts de rang de peloton (ou demi-rangs de compagnies) prenez vos diſtances.*
3. *Marche.*
4. *A droite & à gauche.*
5. *Marche.*

AU troiſième commandement, dans les demi-rangs de compagnie qui ſont aux aîles des pelotons, le premier rang marchera trois pas en avant, le deuxième rang deux pas, & le troiſième rang un pas : dans les demi-rangs de compagnies qui ſont au centre des pelotons, le premier rang marchera deux pas, le ſecond rang un pas, le troiſième ne bougera.

Au quatrième commandement, les Soldats des trois pelotons de la droite du bataillon feront à gauche, & ceux des trois pelotons de la gauche feront a droite, pour faire face au centre du bataillon.

Au cinquième commandement, les Officiers qui ſeront dans les rangs en ſortiront pour aller par le pas redoublé occuper les places qui leur ſont preſcrites, les troupes étant à ſix de hauteur ; en même temps les demi-rangs de compagnies du centre de chaque peloton marcheront au pas ordinaire, & les demi-rangs de l'aîle de la première compagnie, au pas redoublé: les demi-rangs de l'aîle de la seconde compagnie ne bougeront, jusqu'à ce que les demi-rangs du centre étant couverts tous les pelotons marcheront ensemble le pas ordinaire vers le centre du bataillon, & à mesure que chaque peloton se trouvera réuni à celui qu'il doit toucher, l'Officier qui le commande le fera arrêter en disant *Halte,* & tout de suite lui fera faire face en tête, en lui commandant *à droite* ou *à gauche.*

Quant aux Grenadiers & au Piquet, ils feront trois pas en avant au troisième commandement, sans ouvrir leurs rangs; au quatrième, ils feront à droite & à gauche vers le centre du bataillon; au cinquième, ils marcheront le pas ordinaire en suivant les pelotons qui les touchent; & les Officiers qui les commandent leur feront faire halte & face en tête immédiatement après que ces pelotons l'auront fait.

Dédoubler les files sur le même alignement.

POUR dédoubler les files de la même manière, quand le terrein ne permettra pas de marcher en avant, on commandera:

1. *Prenez garde à vous pour dédoubler vos files sur le même alignement.*
2. *A droite & à gauche.*
3. *Marche.*

AU deuxième commandement, les trois pelotons de la droite du bataillon feront à droite, & les trois pelotons de la gauche feront à gauche.

Au troisième, tous les pelotons se mettront en mouvement au pas ordinaire vers les aîles du bataillon. Lorsque les onzième & douzième compagnies auront laissé entre elles la place nécessaire pour les deux files de leurs Officiers, les premier, troisième & cinquième rangs de ces compagnies qui devront former le demi-rang des aîles, feront halte au commandement du Commandant de leur peloton; les deuxième, quatrième & sixième rangs de ces compagnies ayant dépassé leurs rangs impairs, s'arrêteront pareillement, ainsi que ceux des cinquième & sixième compagnies, dont les rangs impairs continueront de marcher jusqu'à ce qu'ils aient dépassé leurs rangs pairs: alors les Commandans des cinquième & sixième pelotons leur feront faire à droite

& à

& à gauche & ferrer les rangs, les quarts de rang du centre s'alignant fur ceux des aîles, & les Officiers qui doivent occuper la droite & la gauche du rang, s'y rendront au pas redoublé.

Les autres pelotons feront fucceffivement la même manœuvre.

Les Grenadiers & le piquet qui auront fait à droite & à gauche au deuxième commandement, de même que les pelotons, marcheront de même au troifième commandement; & lorfque le premier & le deuxième pelotons auront dédoublé, les Officiers qui commanderont les Grenadiers & le piquet, leur feront faire halte & face en tête par un à droite & un à gauche.

Border la haie.

POUR border la haie, on commencera par faire ouvrir les rangs en arrière, afin de prendre des diftances proportionnées au front de chaque compagnie.

Après cette difpofition, on commandera:

1. *Demi-tour à droite.*
2. *A gauche & à droite par compagnie, bordez la haie.*
3. *Marche.*
4. *Remettez-vous.*

AU premier commandement, les Soldats feront demi-tour à droite.

Au troifième, chaque rang des compagnies de la droite des pelotons, fera à gauche un quart de converfion, & ira s'appuyer à la file droite du rang fuivant, devenue file de la gauche par le demi-tour à droite, & chaque rang des compagnies de la gauche des pelotons, fera le même mouvement par un quart de converfion à droite.

Au quatrième, les deux compagnies du peloton fe feront face en fe remettant par un demi-tour à droite.

Lorfqu'on voudra remettre les compagnies en bataille, on leur fera former les rangs par des mouvemens contraires à ceux qu'ils auront faits pour border la haie.

DES E'VOLUTIONS
pour rompre & reformer les bataillons.

Exercer sur trois & sur six rangs.

ON n'exercera jamais les troupes qu'on ne les fasse manœuvrer également sur trois & sur six rangs.

Rompre & reformer les bataillons.

ON fera rompre les bataillons par la droite & par la gauche, par deux compagnies couplées que l'on appellera pelotons, par deux pelotons que l'on appellera tiers de rang, & par trois pelotons que l'on appellera demi-rangs.

On ne fera rompre le bataillon par compagnies appelées sections, que lorsque le bataillon étant sur trois rangs & devant défiler dans un lieu étroit, on ne prévoira pas qu'il puisse y passer plus d'une demi-compagnie de front.

Toutes les fois qu'on fera rompre un bataillon, on le fera se reformer par les mouvemens contraires.

Pour cet effet, on commandera :

1. *A droite* (ou *à gauche*) *par pelotons* (ou *par tiers de rang, par demi-rangs*) *rompez le bataillon.*
2. *Marche.*
3. *Halte.*

LE premier commandement avertira du côté par lequel le bataillon devra se rompre, & du nombre de divisions qu'il devra former en se mettant en colonne.

Au deuxième, toutes les divisions s'ébranleront à la fois (à moins que le contraire ne soit ordonné) faisant marcher leurs gauches ou leurs droites, & soûtenir leurs droites ou leurs gauches.

Au troisième, les divisions s'arrêteront où elles se trouveront.

1. *A gauche* (ou *à droite*) *par pelotons* (ou

par tiers de rang, par demi-rangs) reformez le bataillon.

2. *Marche.*

3. *Halte.*

Le premier commandement ſera pour avertir quand il ſe fera à la voix; mais ſi c'eſt au ſon de la caiſſe, on formera le bataillon dès que les Tambours commenceront à battre aux drapeaux.

Au deuxième, on fera marcher les droites ou les gauches des diviſions, tandis que les gauches ou les droites ne bougeront; & le bataillon ſe trouvant en bataille, marchera en avant juſqu'au troiſième commandement, auquel il s'arrêtera.

Place des Officiers en rompant.

Toutes les fois que l'on rompra le bataillon, auſſi-tôt que le Major en aura fait l'avertiſſement, le premier Officier de chaque diviſion s'avancera d'un pas en avant du centre de ſon premier rang, ou de celui que formeront les Officiers, d'où il la conduira; obſervant de conſerver toûjours en marchant, les diſtances preſcrites au titre de la marche.

Lorſque les diviſions ſe remettront en bataille, cet Officier ſe replacera où il étoit avant que le bataillon fût rompu.

Les Colonels, Lieutenant-colonels ou Commandans de bataillons, marcheront toûjours à la tête du cinquième peloton de leur bataillon lorſqu'il ſera rompu.

L'on fera marcher le bataillon, étant ainſi rompu, tant à rangs ouverts qu'à rangs ſerrés.

Rompre le bataillon pour marcher du côté oppoſé.

Lorsqu'un régiment ou bataillon devra ſe rompre par la droite pour marcher vers la gauche, ou par la gauche pour marcher vers la droite, les diviſions partiront ſucceſſivement & marcheront devant elles.

Pour cet effet, le Major ayant averti de quel côté le mouvement devra ſe faire, fera les commandemens ſuivans.

1. *En avant par peloton (tiers de rang ou demi-rang) rompez le bataillon.*

2. *Marche.*

A ce dernier commandement, la compagnie de Grenadiers (ou le Piquet) marchera en avant jusqu'à la distance qui aura été désignée, & fera ensuite un quart de conversion à gauche ou à droite au pas redoublé, pour passer devant le front du régiment ou bataillon.

Lorsque la compagnie de Grenadiers aura fait deux fois autant de pas que la première division en occupe par l'étendue de son front, celle-ci se mettra en mouvement au commandement de son Officier, marchera en avant jusqu'à la même hauteur que la compagnie de Grenadiers, & fera comme elle un quart de conversion au pas redoublé pour prendre rang dans la colonne, & ainsi des autres divisions, chacune ayant la même attention de ne partir que lorsque la division qui la doit précéder aura fait deux fois autant de chemin qu'elle occupe de terrein en bataille, de sorte que si elle a seize hommes de front, elle ne partira qu'au vingt-cinquième pas de la division qui la précède.

Si l'on doit marcher ainsi à rangs ouverts, le Major en avertira; & au commandement de *marche*, le premier rang des Grenadiers (ou du Piquet) partira seul, & les autres rangs partiront au cinquième ou au troisième pas de ceux qui les précèdent, suivant ce qui a été prescrit au titre de la marche.

Le premier rang de chaque division observera aussi avant de partir, les distances qui ont été établies au même titre de la marche entre les divisions, lorsqu'on marche à rangs ouverts, en y ajoûtant, dans tous les cas, un nombre de pas double de celui qu'occupe le front de la division.

Doubler les divisions en marchant.

Si, le bataillon marchant en colonne, on veut augmenter son front, on doublera ou triplera les divisions suivant les méthodes suivantes.

1. *Prenez garde à vous pour doubler les divisions.*

2. *Marche.*

Au deuxième commandement, toutes les divisions paires marchant

marchant le pas oblique, ſe jetteront ſur leur gauche; & lorſque leur file droite ſe trouvera à la hauteur de la gauche des diviſions impaires qui les précèdent, & qui auront continué de marcher devant elles au petit pas, elles iront s'y joindre par le pas redoublé; & quand elles s'y ſeront rejointes, elles continueront de marcher enſemble le pas ordinaire.

On fera dédoubler les diviſions, en commandant:

1. *Prenez garde à vous diviſions, pour vous dédoubler.*

2. *Marche.*

Au deuxième commandement, les diviſions impaires qui ſont à la droite, continueront de marcher devant elles, & les diviſions paires qui ont doublé ſur la gauche, ſe jetteront ſur leur droite par le pas oblique, pour aller ſe placer derrière les impaires; obſervant que la diviſion paire doit attendre pour partir que le dernier rang de la diviſion impaire ait dépaſſé ſon premier rang.

Cet ordre ſera renverſé, comme il a déjà été obſervé, dans les bataillons rangés de gauche à droite, leſquels devront marcher par leur gauche.

Tripler les diviſions en marchant.

Pour augmenter encore davantage ſon front, on triplera les diviſions quand le bataillon ſera rompu par tiers de rang ou par pelotons, en commandant:

1. *Prenez garde à vous pour tripler les diviſions.*

2. *Marche.*

Si le bataillon eſt rompu par tiers de rang, la première diviſion compoſée du premier & du troiſieme pelotons, marchera le pas oblique ſur ſa droite: la deuxième diviſion compoſée des cinquième & ſixième pelotons, continuera de marcher en avant au petit pas, juſqu'à ce que la gauche de la diviſion précédente étant à la hauteur de ſa droite, elle marchera au pas ordinaire pour l'aller joindre; & elles marcheront enſemble au petit pas, juſqu'à ce que la troiſième les ait jointes. Cette dernière diviſion qui ſera compoſée du deuxième & du quatrième pelotons, marchera le pas oblique ſur ſa gauche, juſqu'à ce que ſa droite ſe trouve à la hauteur de la gauche de la divifion précédente : elle marchera alors le pas redoublé pour la rejoindre, de manière que les trois divifions étant arrivées fur la même ligne, le bataillon fe trouvera en bataille & marchera le pas ordinaire.

En même temps que le bataillon exécutera ce mouvement, la compagnie de Grenadiers qui fera à la tête de la première divifion, marchera à droite plus obliquement pour prendre la droite du bataillon ; & le piquet qui fera à la queue de la troifième divifion, marchera pareillement fur la gauche pour prendre la gauche du bataillon.

Si le bataillon eft rompu par pelotons, la première divifion formée par le premier peloton, marchera le pas oblique fur la droite : la feconde divifion formée par le troifième peloton, marchera en avant pour aller fe placer à la gauche du premier; & la troifième divifion formée par le cinquième peloton, marchera le pas oblique à gauche, pour aller joindre fa file droite à la file gauche du troifième peloton. Ce mouvement fait, ces trois pelotons formeront un demi-rang.

Les trois divifions fuivantes formeront un fecond demi-rang dans l'ordre fuivant : la première formée par le fixième peloton, marchera le pas oblique à droite, pour aller fe placer derrière le premier peloton : la deuxième formée par le quatrième peloton, continuera à marcher devant elle; & la troifième formée par le deuxième peloton, marchera le pas oblique fur la gauche, pour aller fe mettre fur la gauche du quatrième peloton.

La compagnie de Grenadiers & le piquet marchant encore plus obliquement que les pelotons, iront fe placer, les Grenadiers à la droite du premier demi-rang, & le piquet à la gauche du fecond demi-rang.

Pour faire remettre ces mêmes divifions en colonne, comme elles étoient auparavant d'avoir été triplées, on commandera :

1. *Prenez garde à vous divifions, pour vous remettre en colonne.*

2. *Marche.*

Au deuxième commandement, fi le bataillon eft en bataille, la compagnie des Grenadiers, après avoir fait trois pas ordinaires en avant, marchera le pas oblique à gauche.

Les deux pelotons de la droite feront ensuite trois ou six pas en avant selon qu'ils seront formés sur trois ou sur six rangs, & marcheront le pas oblique à gauche : ceux du centre marcheront en avant le petit pas; & les deux pelotons de la gauche, ainsi que le piquet, marcheront successivement le pas oblique à droite.

Si le bataillon est sur deux demi-rangs, la compagnie de Grenadiers, le premier peloton & le sixième, marcheront le pas oblique à gauche : le troisième peloton & le quatrième marcheront devant eux au petit pas; le cinquième & le deuxième, ainsi que le piquet, marcheront le pas oblique à droite.

Pour exécuter ce mouvement, il est nécessaire que chaque division attende, pour partir, que celle qui la doit précéder ait gagné en avant la distance qui doit être entre elles.

Quarts de conversion.

LE régiment ou le bataillon étant en bataille à rangs serrés, on lui fera faire des quarts de conversion à droite & à gauche, tant au régiment entier qu'à chaque bataillon séparément, par les commandemens suivans.

1. *A droite (*ou *à gauche) par bataillon (*ou *par régiment) faites un quart de conversion.*
2. *Marche.*
3. *Halte.*

AU deuxième commandement, tout le bataillon, ou le régiment, se mettra en mouvement du pied gauche, de quelque côté que la conversion se fasse, observant ce qui est prescrit à cet égard au titre de la marche.

Conversion centrale.

LES commandemens pour la conversion centrale par bataillon, seront :

1. *Prenez garde à vous bataillon, pour faire la conversion centrale.*
2. *Demi-rang de la droite, demi-tour à droite.*
3. *A droite par demi-rang, faites un quart de conversion.*

4. *Marche.*

5. *Halte.*

6. *Remettez-vous.*

Au deuxième commandement, le demi-bataillon de la droite fera demi-tour à droite.

Au quatrième, chaque demi-bataillon marchera par son aile gauche, & les deux hommes du centre du premier rang du bataillon tourneront l'un sur l'autre sans se quitter.

Au cinquième, tout le bataillon s'arrêtera.

Au sixième, le demi-bataillon de la droite fera demi-tour à droite, & sur le champ on fera dresser & aligner les rangs.

Lorsqu'on fera la conversion centrale du bataillon par la gauche, l'aîle gauche fera demi-tour à droite & se remettra aussi par un demi-tour à droite.

Mettre & ôter la bayonnette avant & après les évolutions.

Les Soldats, pour toutes sortes d'évolutions, ainsi que pour l'exercice du feu, mettront toûjours la bayonnette au bout du fusil; pour cet effet le Major commandera:

Mettez la bayonnette au bout du canon.

Ce commandement s'exécutera en sept temps, qui seront les mêmes que ceux prescrits aux premier & deuxième commandemens pour l'inspection.

Le Major fera ensuite le commandement pour porter les armes.

Lorsqu'après les exercices l'on devra remettre la bayonnette, le Major commandera:

Remettez la bayonnette en son lieu.

Les Soldats l'exécuteront en sept temps:

Les quatre premiers comme au premier commandement pour l'inspection, & les trois autres comme au huitième & au neuvième commandement pour l'inspection.

Après quoi le Major fera porter le fusil.

DE

DE LA COLONNE.

On ne formera la colonne qu'avec deux bataillons ſur ſix rangs; pour cet effet, les régimens d'un bataillon ſe joindront deux enſemble, & ceux de quatre bataillons formeront deux colonnes.

Pour former la colonne d'attaque, le Major ayant fait le calcul de la force des deux bataillons, en y comprenant leurs piquets, avertira les Commandans des pelotons de les égaliſer en les mettant à un même nombre de files, lequel il fixera, & chaque Commandant de peloton en fera informer les Officiers de ſerre-file. *Colonne d'attaque.*

Auſſi-tôt après que cet avertiſſement aura été fait, les Capitaines des piquets leur feront faire demi-tour à droite, marcher huit pas en arrière, & faire enſuite à droite & à gauche pour aller ſe diſperſer derrière leur bataillon, chaque Soldat à portée de ſa compagnie.

Les Commandans des pelotons dont le nombre des files excèdera celui que le Major aura fixé, feront paſſer cet excédent derrière le ſixième rang; & dans les pelotons qui auront moins de files qu'il n'aura été ordonné, les Officiers de ſerre-file feront entrer le nombre de Soldats néceſſaire pour les compléter, prenant de préférence ceux de leur peloton qui étoient de piquet, & après eux ceux des compagnies les plus voiſines qui ne ſeront point employés.

Pendant cette opération le Major fera ouvrir les bataillons à droite & à gauche, autant qu'il ſera néceſſaire pour faire place aux files qui devront être introduites dans les pelotons.

A l'égard des Soldats ſurnuméraires qui n'auront point été admis dans les pelotons, dès que le Major fera les commandemens ci-après, ils feront à droite & à gauche pour aller ſe former ſur trois rangs au centre de l'intervalle des bataillons; ils feront commandés par un Lieutenant s'ils ne font pas plus de trente hommes, & par un Capitaine avec un Lieutenant s'ils font en plus grand nombre, & ces Officiers feront de ceux qui étoient auparavant de piquet, les autres retournant à leurs compagnies.

Cette première difpofition étant faite, le Major commandera :

1. *Prenez garde à vous pour former la colonne d'attaque.*
2. *Je parle aux premiers pelotons.*
3. *Marche.*

A ce dernier commandement, les premiers pelotons de chacun des deux bataillons marcheront en avant huit pas redoublés, puis faifant à droite & à gauche ils viendront le long du front des bataillons fe réunir vis-à-vis le centre de leur intervalle, où s'étant joints ils feront face à leur premier rang & marcheront en avant pour former la tête de la colonne.

Les troifièmes pelotons formeront de même huit pas redoublés en avant auffi-tôt que les premiers auront paffé devant eux, ils feront enfuite à droite & à gauche, & viendront le long du front de leur bataillon pour fe réunir & prendre rang dans la colonne derrière les premiers pelotons.

Cette manœuvre fe fera fucceffivement par les cinquième, fixième, quatrième & deuxième pelotons; mais ces derniers qui devront fermer la colonne ne marcheront point en avant, & feront feulement à droite & à gauche lorfque les quatrièmes pelotons pafferont devant eux.

On pourra, fi on le juge à propos, faire paffer les pelotons derrière le fixième rang des bataillons, pour aller fe réunir dans leur intervalle, & pour lors le Major dira *demi-tour à droite* avant de commander *marche.*

Les Officiers & Sergens des premiers pelotons qui font en ferre-file, iront joindre au premier commandement ceux qui font à la tête de leur premier rang; ceux des deuxièmes pelotons pafferont en ferre-file: dans les autres pelotons ils ne quitteront leur place ordinaire que lorfque leur peloton ayant longé le front du bataillon, la file de la gauche ou de la droite arrivera derrière le peloton qui le précède; alors ils s'arrêteront pour se trouver tous en dehors de la colonne lorsqu'elle sera formée, observant de s'y partager également afin d'occuper les flancs de tous les pelotons. A l'égard des Commandans des-bataillons, ils se placeront à la tête de la colonne.

Le peloton composé des Soldats surnuméraires se placera derrière la colonne, quatre pas en arrière de son dernier rang.

La compagnie de Grenadiers du bataillon de la droite ayant fait à gauche au commandement de *marche*, remplacera successivement le vuide que le départ des pelotons laissera à sa gauche, & elle arrivera ainsi sur le flanc droit de la queue de la colonne, au dernier rang de laquelle elle appuyera la file gauche de son premier rang, à deux pas en dehors de l'alignement du flanc droit de la colonne.

La compagnie de Grenadiers du bataillon de la gauche fera de son côté les mêmes mouvemens pour venir occuper la même place sur le flanc gauche de la queue de la colonne.

Les Tambours, à l'exception de deux qui se tiendront aux deux côtés de la colonne, se placeront à droite & à gauche du peloton surnuméraire.

Ils battront l'assemblée pendant que la colonne se formera.

La colonne ainsi formée, aura deux pelotons de front & six de profondeur.

Elle se divisera en trois sections; la première, composée des premiers & troisièmes pelotons; la deuxième, des cinquièmes & sixièmes; & la troisième, des quatrièmes & deuxièmes: ces sections, soit en marchant ou lorsque la colonne sera arrêtée, conserveront toûjours quatre pas de distance entr'elles.

Lorsque les batteries ou le commandement de *marche* ne seront précédés d'aucun avertissement, la colonne marchera en tête au pas ordinaire si l'on bat *aux champs*, & au pas redoublé si l'on bat *la charge;* dans ce dernier cas elle fera haut les armes lorsque le Commandant, ou le Major, ou les Officiers lui en feront le ſignal en portant l'eſponton en avant, & alors les deux dernières ſections alongeront leur pas pour ſerrer ſur la première à la pointe de l'épée.

La colonne ayant marché ainſi, les diviſions étant ſerrées, on l'arrêtera en faiſant ceſſer les Tambours de battre; auſſi-tôt les Soldats porteront leurs armes, la dernière ſection fera halte, la deuxième fera encore quatre pas avant de s'arrêter, & la première huit pas, pour rétablir les diſtances entre les ſections.

Si, la colonne ayant fait haut les armes & les ſections étant ſerrées on veut lui faire quitter le pas redoublé ſans l'arrêter, les Tambours battront aux champs, & alors les Soldats portant leurs armes, la première ſection formera encore quatre pas redoublés, puis marchera le pas ordinaire; la deuxième prendra ce pas dès que les Tambours auront changé de batterie, & la troiſième marchera au petit pas juſqu'à ce qu'elle ait devant elle quatre pas de diſtance.

Pour faire marcher la colonne vers la droite ou vers la gauche, le Major commandera *à droite* ou *à gauche*, & les Soldats feront face au côté qui ſera déſigné, où le Tambour qui ſera du côté vers lequel on devra marcher commencera à battre ſeul, & les autres Tambours battront avec lui après que les Soldats ſeront tournés de ce côté.

Pour faire marcher la colonne en queue, le Major commandera demi-tour à droite & fera battre la retraite.

De quelque côté que la colonne ait marché, elle fera toûjours face en tête quand elle s'arrêtera, à moins que le contraire ne ſoit ordonné, & elle portera ſes armes.

La colonne ſera auſſi exercée à ſe diviſer après le choc; pour cet effet, lorſqu'après l'avoir fait marcher haut les armes, le Major lui aura commandé de faire *halte,* il avertira de la voix que les ſections devront ſe ſéparer, ou il il fera faire un roulement pour l'annoncer par les deux Tambours placés sur les flancs de la colonne, qui se tiendront dans ce moment, l'un sur le flanc droit de la deuxième section, l'autre sur le flanc gauche de la troisième ; alors la première section restant face en tête, la deuxième fera à droite & la troisième à gauche ; & quand le Major dira, *marche*, ou que les Tambours battront *aux champs*, la première section marchera en avant au pas ordinaire, ou restera de pied ferme, selon qu'il lui aura été ordonné ; la deuxième marchera vers la droite, & la troisième marchera vers la gauche ; & si on bat *la charge*, elles marcheront au pas redoublé, & feront haut les armes quand les Officiers qui les conduiront porteront l'esponton en avant.

Si l'on ne vouloit détacher qu'une des sections, on ne feroit faire de roulement qu'à un Tambour, qui se placeroit sur le flanc de cette section, du côté vers lequel on voudroit la faire marcher.

Pendant ces diverses opérations, les Grenadiers & le peloton surnuméraire, ainsi que les Tambours, resteront aux places où ils étoient avant la division de la colonne, à moins qu'on ne voulût les détacher avec les sections, ou ailleurs, pour faire feu sur l'ennemi, ou les employer à d'autre usage.

On exercera les sections de la colonne ainsi séparées, à faire à droite & à gauche pour marcher dans tous les sens, tant en avant qu'au pas oblique ordinaire & redoublé.

Pour réunir la colonne, les Tambours battront l'assemblée, & les sections viendront se rejoindre le plus promptement qu'il sera possible, ou derrière la première section, ou en avant du peloton surnuméraire, qui se portera pour cet effet au lieu où l'on voudra rassembler la colonne.

Pour faire marcher la colonne avec plus d'aisance, quand on aura beaucoup de chemin à lui faire faire en avant, on pourra la divifer en fix fections compofées chacune de deux pelotons: ces fections ne prendront alors que deux pas de diftance entr'elles, au lieu de quatre.

Pour rompre cette colonne & fe remettre en bataille, le Major commandera:

1. *Prenez garde à vous pour rompre la colonne.*
2. *Je parle aux premiers pelotons.*
3. *A droite & à gauche.*
4. *Marche.*

Au troifième commandement, les premiers pelotons feront à droite & à gauche pour fe féparer.

Au quatrième, ils marcheront par leur flanc au pas redoublé, pour aller fe rendre à la place qu'ils doivent occuper à la droite & à la gauche des bataillons; & lorfqu'ils feront arrivés à la diftance néceffaire, ils feront face en tête.

Tous les autres pelotons marcheront en avant au même commandement; & lorfque les troifième, cinquième, fixième, quatrième & deuxième pelotons feront arrivés à la place où étoient les premiers, ils feront, comme eux, à droite & à gauche pour aller s'appuyer aux pelotons qui les précèdent: les Officiers reprendront leur place en marchant; & quand ces pelotons feront arrivés fur leur terrein, ils feront auffi face en tête.

Les Grenadiers partiront au quatrième commandement pour aller, par le pas oblique redoublé, fe placer en ligne à la droite & à la gauche des premiers pelotons.

Les Tambours partiront de même en battant *aux drapeaux*, pour aller auffi par le chemin le plus court prendre leur place à côté des Grenadiers.

Le peloton furnuméraire fuivra les deuxièmes pelotons; & lorfqu'il fera arrivé fur l'alignement des bataillons, il fe divifera en deux parties, dont les Soldats iront occuper le flanc gauche & le flanc droit de leur bataillon, pour reprendre leur place dans le piquet à mefure qu'on y renverra ceux qui étoient entrés dans les pelotons, que l'on rétablira tels qu'ils étoient avant la formation de la colonne.

POUR former la colonne de retraite, le Major, après en avoir prévenu les troupes, soit que les commandemens se fassent à la voix ou au son de la caisse, fera réunir les bataillons, & commandera :

Colonne de retraite.

1. *Prenez garde à vous pour former la colonne de retraite.*
2. *Que le deuxième peloton de chaque bataillon ne bouge.*
3. *Demi-tour à droite.*
4. *A droite & à gauche, par quart de conversion, formez la colonne.*
5. *Marche.*
6. *Halte.*

LES deux premiers commandemens ne serviront que d'avertissement.

Au troisième, les deux bataillons, à l'exception des deux pelotons indiqués, feront demi-tour à droite, ainsi que la compagnie des Grenadiers & le piquet du bataillon de la gauche ; la compagnie de Grenadiers du bataillon de la droite marchera six pas en avant, & fera à gauche : le piquet du même bataillon fera trois pas en avant.

Au cinquième commandement, la compagnie de Grenadiers du bataillon de la droite marchera par son flanc gauche, & ira se placer par un à droite sur le piquet de son bataillon.

Le piquet du bataillon de la gauche marchera le pas redoublé, & ira se placer, par deux quarts de conversion à gauche, vis-à-vis le piquet du bataillon de la droite, à la distance nécessaire pour que la colonne se forme entre ces deux piquets.

Les pelotons qui auront fait demi-tour à droite, feront ensemble un quart de conversion ; savoir, ceux du bataillon de la droite, à droite ; & ceux du bataillon de la gauche avec sa compagnie de Grenadiers, à gauche. Ces quarts de conversion étant achevés, les deux pelotons qui n'ont bougé, feront à gauche & à droite, & marcheront pour se rejoindre derrière le piquet & la compagnie des Grenadiers du bataillon de la droite, & tout de suite ils feront à droite & à gauche pour ſe retrouver face en tête. Les pelotons des deux bataillons qui auront achevé leur quart de converſion, marcheront en même temps les uns vers les autres : ceux du bataillon de la droite aligneront leur dernier rang ſur la file droite du peloton du même bataillon, qui fera face en tête ; & ceux du bataillon de la gauche, ſur la file de la gauche du peloton de ce bataillon, qui fera auſſi face en tête. La compagnie des Grenadiers du bataillon de la gauche s'avancera pareillement en ſe détachant du bataillon par un pas oblique de gauche à droite, juſqu'à ce que ſa première file de la gauche ſoit alignée, & joignant le rang extérieur du piquet du même bataillon; enſuite, par un ſecond quart de converſion à gauche, elle couvrira ce piquet.

Si les deuxièmes pelotons des deux bataillons formoient enſemble moins de ſeize files, l'on y joindroit autant de files, priſes dans les quatrièmes pelotons, qu'il ſeroit néceſſaire pour les porter juſqu'à ce nombre.

Pendant cette opération, les Tambours des deux bataillons viendront, par le pas redoublé, ſe mettre ſur une file au centre de la colonne, entre les Officiers & les Sergens de ſerre-file, à l'exception de deux Tambours, qui reſteront en dehors aux angles oppoſés de la tête & de la queue de la colonne.

Au ſixième commandement, toute la colonne fera demi-tour à droite, excepté la compagnie de Grenadiers & le piquet du bataillon de la droite, & les deux pelotons qui formeront la tête de la colonne, leſquels continueront de faire face en tête, les deux files de droite & de gauche de ces pelotons, faiſant cependant face en dehors par un à droite & un à gauche.

Cette colonne marchera de tous les ſens ſur les commandemens qui lui ſeront faits, ou ſur les batteries ci-après indiquées.

Toutes les fois qu'elle fera halte, tout fera face en dehors, & les Soldats feront haut les armes : le côté vers lequel la colonne devra marcher, ſera déſigné par un des deux Tambours qui ſeront reſtés ſur les flancs, lequel battra ſeul de ce côté; les autres Tambours ne commenceront à battre avec lui que lorſque tous les Soldats de la colonne auront fait face du côté indiqué.

Quand

Quand on battra *aux champs*, la colonne marchera au pas ordinaire. Lorſqu'on battra *la charge*, elle marchera le pas redoublé, & ſera haut les armes quand les Officiers porteront l'eſponton en avant.

Pour rompre cette colonne & ſe mettre en bataille, on fera les commandemens ſuivans:

1. *Prenez garde à vous pour rompre la colonne.*
2. *A droite & à gauche, par quart de converſion, rompez la colonne.*
3. *Marche.*
4. *Halte.*

Au premier commandement, toute la colonne portera ſes armes.

Au deuxième, la compagnie de Grenadiers du bataillon de la droite, fera à droite, & ſon piquet fera demi-tour à droite; celle du bataillon de la gauche fera un quart de converſion à droite; les deux pelotons de la tête de la colonne feront à droite & à gauche.

Au troiſième, tout le bataillon de la droite fera cinq pas ordinaires en avant, & tout de ſuite il ſe mettra en bataille, ſes cinq pelotons faiſant un quart de converſion à gauche, & s'alignant ſur le peloton qui fermera la gauche du bataillon. Sa compagnie de Grenadiers marchera en même temps le pas redoublé pour aller ſe placer à la droite par un à gauche.

Le bataillon de la gauche fera quinze pas redoublés en avant, ainſi que ſa compagnie de Grenadiers qui s'y réunira, & fera un quart de converſion à droite avec les cinq pelotons de la gauche; pendant ce temps-là le piquet du bataillon de la droite marchera pour reprendre ſa place à la gauche de ſon bataillon, & le piquet du bataillon de la gauche fera deux quarts de converſion à droite, & marchera au pas redoublé pour aller reprendre ſa place à la droite de ce bataillon.

Les Tambours battront *aux drapeaux*, & iront reprendre les places qu'ils occupoient avant la formation de la colonne.

Au quatrième commandement, toutes les troupes ſe dreſſeront ſur le centre.

DE L'EXERCICE DU FEU.

On exercera les troupes le plus ſouvent qu'il ſera poſſible à tirer enſemble au commandement, de toutes les manières ci-après preſcrites, ſans pouvoir faire uſage d'aucune autre. Mais cet exercice ne ſe fera par bataillon, & même en moindre nombre, qu'après que l'on aura fait prendre, comme il a été dit, à chaque Soldat en particulier, & ſur-tout à ceux de recrue, l'habitude de manier ſes armes, de les charger promptement, de les bien tenir en joue, & de les tirer quand il eſt ordonné, ſans faire aucun mouvement.

On mettra les bataillons ſur trois rangs pour l'exercice du feu, & on ne les fera jamais tirer étant à ſix de hauteur.

Les bataillons tireront de pied ferme par ſection, par peloton, par deux pelotons ou tiers de rang, par demi-rang & par bataillon.

Quand il s'agira de faire tirer tout le bataillon enſemble, le Major en fera les commandemens. Si ce doit être par diviſion, il avertira de l'eſpèce de feu qui devra être exécuté, & chaque Commandant de diviſion en fera le commandement à ſa troupe dans les temps & l'ordre ci-après indiqués.

Lorſque le régiment étant en bataille on devra l'exercer aux différens feux, le Colonel, le Lieutenant-colonel & les Commandans de bataillon ſe placeront vis-à-vis les drapeaux contre le premier rang du cinquième peloton de leur bataillon, dont les ſix files du centre ne tireront jamais ſans l'ordre du Commandant. Le Capitaine des Grenadiers ſe tiendra à la droite de ſa compagnie quand elle ſera formée par la droite, & le Capitaine de piquet à la gauche de ſon piquet quand il ſera formé par la gauche. Ils repaſſeront au centre de leur troupe lorſqu'il s'agira de commander le feu de ſection. Les autres Officiers & les Sergens occuperont chacun leur place dans les ragns & en ſerre-file.

Feu par ſection.

POUR faire feu par ſection, le Major avertira:

Prenez garde à vous bataillon, pour faire le feu de ſection.

Le Commandant du bataillon ordonnera enſuite à l'Officier qui ſera à la gauche de la onzième compagnie, de commencer les commandemens, & auſſi-tôt cet Officier faiſant à droite, commandera à cette compagnie :

1. *Haut les armes.*
2. *Apprêtez vos armes.*
3. *En joue.*
4. *Feu.*

AU premier commandement, les Soldats de ladite compagnie ou ſection feront haut les armes par deux mouvemens précipités qui s'exécuteront dans la valeur d'un ſeul temps.

Au deuxième, les Soldats du premier rang mettront genou en terre, & ceux des deux derniers rangs ſe mettront dans la poſition preſcrite au dixième commandement du maniement des armes.

Au troiſième, comme au onzième commandement du maniement des armes.

Au quatrième, les Soldats des trois rangs feront feu enſemble, & retireront leurs armes comme au douzième commandement; & ils les chargeront tout de ſuite en ſeize temps, ainſi qu'il eſt expliqué au maniement des armes, depuis le treizième commandement juſqu'au vingt-troiſième incluſivement.

Quand l'Officier qui ſera à la gauche de la onzième compagnie lui dira *haut les armes,* celui qui ſera à la droite de la douzième compagnie fera à gauche, & le temps d'après il lui fera le même commandement de *haut les armes,* & ſucceſſivement les trois autres.

Les Officiers qui ſeront à la gauche de la dernière

section du troisième peloton & à la droite de celle du quatrième peloton, feront faire haut les armes à ces sections quand les onzième & douzième compagnies feront en joue.

Il en sera de même successivement des dernières sections des premier & second peloton, & de celles des Grenadiers & du piquet, lesquelles feront haut les armes au commandement de leurs Officiers, lorsque les mêmes sections des pelotons de leur gauche ou de leur droite feront en joue.

On fera tirer dans le même ordre les premières sections de chaque peloton des Grenadiers & du piquet, la première section du cinquième peloton faisant haut les armes lorsque la dernière des Grenadiers aura fait feu.

Si le Commandant ordonne que l'on recommence, la onzième compagnie fera haut les armes quand la première section du piquet fera feu.

Feu de peloton.

QUAND le Major avertira le bataillon pour faire feu par peloton;

Le feu commencera de même par le centre dès que le Commandant du bataillon l'ordonnera; le sixième peloton fera haut les armes quand le cinquième fera feu; le troisième & le quatrième, deux temps après que le cinquième & le sixième auront fait feu; le premier & le deuxième, deux temps après que le troisième & le quatrième auront fait feu; les Grenadiers & le piquet, deux temps après que les premier & deuxième pelotons auront fait feu.

Si le Commandant du bataillon ordonne que l'on recommence, le cinquième peloton fera haut les armes quand le piquet fera feu.

Feu par tiers de rang.

QUAND le Major avertira le bataillon pour faire feu par tiers de rang;

Lorsque le Commandant du bataillon l'aura ordonné, le plus ancien Officier des deux pelotons formant un tiers de rang, leur fera les commandemens, le feu commençant par le tiers de rang du centre, ensuite celui de la droite, celui de la gauche, les Grenadiers & le piquet.

Chacune de ces divisions fera haut les armes le temps d'après que celle qui la précède aura fait feu, & le tiers du rang du centre pourra recommencer à faire haut les armes lorsque le piquet aura fait feu.

QUAND

QUAND le Major avertira le bataillon pour faire feu par demi-rang ; *Feu par demi-rang.*

Le Commandant du bataillon se placera entre le cinquième & le sixième peloton, où il fera à droite pour faire les commandemens au demi-rang de la droite du bataillon ; & quand ce demi-rang aura fait feu, le Commandant fera demi-tour à droite pour faire les mêmes commandemens au demi-rang de la gauche, deux temps après le feu du demi-rang de la droite.

La gauche du bataillon ayant fait feu, le Capitaine des Grenadiers fera, deux temps après, les commandemens à sa compagnie ; & quand elle aura fait feu, le Capitaine du piquet lui fera aussi, deux temps après, les mêmes commandemens, à son tour ; de sorte que le demi-rang de la droite pourra recommencer deux temps après que le piquet aura fait feu.

LE Major fera les mêmes commandemens pour faire tirer par bataillon entier, en réservant (si le Commandant le juge à propos) le feu des Grenadiers & du piquet pour les faire tirer séparément pendant que les pelotons rechargeront ; auquel cas les Grenadiers ne feront haut les armes qu'au quatrième temps, après que le bataillon aura fait feu, & on laissera le même intervalle entre le feu des Grenadiers & celui du piquet, & entre le feu du piquet & celui du bataillon, quand il devra recommencer. *Feu par bataillon.*

LES bataillons chargeront leurs armes avant de commencer l'exercice du feu, & pour cet effet le Major commandera : *Charger les armes, le Soldat portant le fusil.*

Chargez vos armes.

LE Soldat qui portera ses armes, exécutera ce commandement en dix-huit temps.

Le premier, comme le premier temps du premier commandement pour l'inspection.

Au deuxième, il fera à droite, & se placera, ainsi que ses armes, dans la position prescrite au douzième commandement du maniement des armes lorsque l'on a fait feu.

Au troisième, il portera le pouce & le premier doigt

de la main droite à la batterie, & découvrira le baſſinet.

Au quatrième & aux ſuivans, il chargera le fuſil par les mêmes temps, & ainſi qu'il eſt preſcrit au maniement des armes depuis le quatorzième commandement juſques & compris le vingt-troiſième.

Lorſque le Soldat, en finiſſant l'exercice du feu, aura été averti qu'il ne doit plus charger ſes armes, après avoir fait feu & s'être remis dans la poſition du douzième commandement du maniement des armes, il exécutera ſeulement le temps du treizième commandement & celui du dix-ſeptième, & il portera enſuite ſes armes en deux autres temps, qui s'exécuteront comme il eſt preſcrit aux deuxième & troiſième temps du dixième commandement pour l'inſpection.

DES BATTERIES DES TAMBOURS, & des ſignaux relatifs aux évolutions.

POUR ſuppléer au défaut de la voix lorſqu'elle ne pourra ſe faire entendre ſur l'étendue du front des bataillons, on ſe ſervira des batteries des Tambours pour annoncer chaque mouvement, & des ſignaux ci-après déſignés, par leſquels le Major fera entendre aux Tambours celles qu'ils auront à faire.

Batteries.

POUR raſſembler une troupe, ou pour lui faire ſerrer les rangs lorſqu'elle eſt raſſemblée, on fera *appeler* les Tambours.

Pour marcher en avant, on battra *aux champs*.

Tout mouvement qui n'aura point été indiqué, ſera annoncé par un *roulement* s'il doit ſe faire à droite, ou par deux ſi c'eſt à gauche.

Si le bataillon doit ſe rompre par demi-rang, après un ou deux roulemens on donnera deux coups de baguette, trois ſi c'eſt par tiers de rang, quatre ſi c'eſt par pelotons, & cinq ſi c'eſt par ſections, après quoi les Tambours battront *aux champs*.

Le bataillon étant rompu ſe reformera dès que l'on battra *aux drapeaux*, & marchera devant lui en bataille, ſoit qu'on continue cette batterie, ou qu'on batte la charge ; même si l'on battoit *aux champs*, à moins que cette batterie n'eût été précédée de roulemens.

Les bataillons entiers feront un quart de converſion, quand après un ou deux roulemens ſuivis d'un coup de baguette, les Tambours battront *aux champs:* s'il y avoit plus d'un bataillon, & qu'on voulût leur faire faire enſemble le quart de converſion, on ne donnera point de coups de baguette après les roulemens.

Pour doubler les diviſions, on fera trois roulemens qui ſeront ſuivis d'un coup de baguette.

On fera les mêmes batteries pour dédoubler les diviſions.

Pour tripler les diviſions, on fera quatre roulemens ſuivis d'un coup de baguette, & on les fera remettre par la même batterie.

On formera la colonne d'attaque, quand après deux coups de baguette ſuivis d'un roulement, les Tambours battront *l'aſſemblée*, & celle de retraite quand les deux coups de baguette ſeront ſuivis de deux roulemens.

Le bataillon fera demi-tour à droite ſi l'on bat *la retraite*, & marchera devant lui.

On ceſſera de marcher toutes les fois que les Tambours ceſſeront de battre.

A l'égard des ſignaux que le Major devra donner aux Tambours. *Signaux.*

Il agitera ſon épée circulairement autant de fois qu'il voudra que les Tambours faſſent des roulemens.

Il marquera de même avec l'épée les coups de baguette qu'ils devront donner.

Pour faire battre *aux champs*, il lèvera l'épée droite la pointe en haut, ayant le bras tendu à la hauteur de l'épaule.

Pour faire battre *aux drapeaux*, il aura le bras tendu, le poignet tourné en dedans, de façon que l'épée croiſe horizontalement devant lui à la hauteur de la cravate.

Pour faire battre *la charge*, il portera l'épée directement devant lui, la pointe en avant, ayant le bras tendu.

Pour faire *appeler*, il mettra l'épée ſur l'épaule.

Pour faire battre *la retraite*, il paſſera l'épée croiſée derrière le dos.

Pour faire battre *l'assemblée,* il tiendra l'épée perpendiculaire, la pointe en bas, le bras tendu devant lui à la hauteur de la cravate, & le poignet renversé en dedans.

Pour faire cesser de battre, il donnera un grand coup de l'épée vers la terre sans la relever.

DES REVUES.

LORSQU'UN régiment ou bataillon devra passer en revûe;

Revûe d'honneur.

SI c'est pour une revûe d'honneur, il sera formé sur trois rangs ouverts: les Officiers seront à la tête de leurs troupes reposés sur l'esponton, & les Enseignes avec leurs Sergens se placeront à la tête du cinquième peloton au rang des Lieutenans.

Lorsqu'on rompra le régiment ou le bataillon pour défiler, les Officiers marcheront aussi à la tête de leurs troupes, soit qu'ils doivent saluer de l'esponton ou non.

Revûe de l'Inspecteur ou du Commissaire.

S'IL s'agit d'une revûe de l'Inspecteur ou du Commissaire des guerres, chaque compagnie partira de son quartier, rangée suivant l'ordre de l'ancienneté des Soldats qui la composent; & prendra cependant dans le bataillon le rang qui lui est marqué pour la formation des pelotons.

Lorsque les Enseignes arriveront à la tête du bataillon, ils iront se placer avec les drapeaux à la tête des compagnies auxquelles ils sont attachés.

Les Officiers, Sergens & Soldats de piquet qui auront été chercher les drapeaux, & les Sergens qu'on aura nommés pour les accompagner, iront par derrière le bataillon prendre leur rang dans les compagnies dont ils seront.

Si on veut faire mettre les compagnies sur un même rang, on se servira de la méthode ci-dessus indiquée pour faire border la haie par compagnie.

Alors les Officiers, Sergens & Tambours se placeront sur

ſur la même ligne que les Soldats à la droite ou à la gauche de leur compagnie, ſelon qu'elle ſera formée par la droite ou par la gauche.

Si on fait défiler les compagnies par quatre ou autrement, le Capitaine marchera quatre pas en avant du premier rang de ſa compagnie, le Lieutenant à ſa gauche un peu en arrière, les Sergens un pas derrière le Lieutenant, & le Tambour un pas derrière les Sergens.

Dans les compagnies où il y aura un drapeau, le Lieutenant marchera à la droite & en arrière du Capitaine, & l'Enſeigne à ſa gauche.

On fera les livrets dans le même ordre que les compagnies devront être diſtribuées dans les pelotons.

VEUT & entend Sa Majeſté que toutes ſes troupes d'Infanterie, tant françoiſe qu'étrangère, ſe conforment avec la plus grande exactitude à ce qui eſt porté dans la préſente ordonnance, enjoignant aux Commandans des corps de ne permettre ni ſouffrir qu'il y ſoit rien changé, augmenté ou retranché, en quelque manière & ſous tel prétexte que ce ſoit; & faiſant très-expreſſes inhibitions & défenſes aux Majors des régimens, ou autres Officiers qui commanderont les exercices, de faire exécuter aucuns temps ni mouvemens autres que ceux qui y ſont preſcrits, dérogeant Sa Majeſté à toutes ordonnances à ce contraires.

Et pour que les régimens Suiſſes & autres régimens étrangers qui ſont au ſervice de Sa Majeſté, puiſſent manœuvrer avec la même uniformité qu'Elle a réſolu d'établir entre toutes les troupes de ſon Infanterie ſans aucune exception, ſon intention eſt que toutes les fois que leſdits régimens Suiſſes & autres étrangers prendront les armes pour être exercés, ils forment six pelotons par bataillon, ainsi qu'il est enjoint pour les bataillons françois; au moyen de quoi ils ne pourront se dispenser d'exécuter tout ce qui est établi par cette ordonnance, nonobstant ce qu'ils pourroient alléguer de la différence de leur formation & de leurs usages.

MANDE & ordonne Sa Majesté aux Généraux de ses armées, aux Gouverneurs & Lieutenans généraux commandant en ses provinces, aux Inspecteurs généraux de son Infanterie, aux Colonels & autres Officiers de ses régimens, aux Commandans de ses villes & places où ces régimens seront en garnison ou en quartier, & à tous autres ses Officiers qu'il appartiendra, chacun en ce qui les concerne, de tenir la main à l'exécution de la présente. FAIT à Marly le six mai mil sept cent cinquante-cinq. *Signé* LOUIS. *Et plus bas,* M. P. DE VOYER D'ARGENSON.

www.ingramcontent.com/pod-product-compliance
Lightning Source LLC
LaVergne TN
LVHW020431230826
846091LV00004B/1450

9782329698250